Hanna Fischer

Textilwerkstatt –
Von der Faser zum Färben und Nähen

5.–9. Klasse

Die Autorin:

Hanna Fischer ist Fachlehrerin und Fachleiterin für Arbeitslehre/Technik an einer Schule für Körperbehinderte.

Von dieser Autorin ebenfalls erschienen:
Holzwerkstatt – Vom Baum zum Spielzeug (ISBN 978-3-8344-3744-0)
Metallwerkstatt – Metall eine Form geben (ISBN 978-3-8344-3745-7)

Gedruckt auf umweltbewusst gefertigtem, chlorfrei gebleichtem
und alterungsbeständigem Papier.

2. Auflage 2010
Nach den seit 2006 amtlich gültigen Regelungen der Rechtschreibung
© Persen Verlag
AAP Lehrerfachverlage GmbH, Buxtehude
Alle Rechte vorbehalten

Das Werk und seine Teile sind urheberrechtlich geschützt. Jede Nutzung in anderen als den gesetzlich zugelassenen Fällen bedarf der vorherigen schriftlichen Einwilligung des Verlages. Hinweis zu § 52a UrhG: Weder das Werk noch seine Teile dürfen ohne eine solche Einwilligung eingescannt und in ein Netzwerk eingestellt werden. Dies gilt auch für Intranets von Schulen und sonstigen Bildungseinrichtungen.

Illustrationen: Hanna Fischer
Satz: MouseDesign Medien AG, Zeven

ISBN 978-3-8344-**3746**-4

www.persen.de

Inhaltsverzeichnis

Einleitung 4

I. Die Textilwerkstatt verwalten – ein Werkraumcheck

    1. Werkraum-Checkliste für die Lehrkraft 5
    2. Erleichterungen für behinderte Schülerinnen und Schüler 10

II. Orientieren und Arbeiten in der Textilwerkstatt – Eine Einführung zur Benutzung

    1. Mein Arbeitsplatz
       Hinweise für die Lehrkraft 12
       Benutzerliste für die Arbeitsplätze 13
       AB: Mein Arbeitsplatz 14

    2. Regeln und Vereinbarungen
       AB 1: Regeln in der Werkstatt 15
       AB 2: Aufgaben zu den Regeln 16

    3. Das Werkzeug
       Hinweise für die Lehrkraft 17
       AB 1: Aufgaben zur Werkzeugrallye 18
       AB 2: Verschiedene Nähwerkzeuge und Hilfsmittel 19
       AB 3: Werkzeuge zum Spinnen und Weben 20
       AB 4: Hilfsmittel zum Filzen/Werkzeuge für Lederarbeiten 21
       AB 5: Werkzeuge zum Färben, Bemalen und Bedrucken von Stoffen 22

    4. Arbeiten – aber sicher
       Hinweise für die Lehrkraft 23
       AB 1: Hinweise zur Unfallverhütung 24
       AB 2: Unfallverhütung/Aufgaben zum Text 25
       AB 3: Zum sicheren Umgang mit der Nähmaschine 26

III. Arbeiten mit Textilien: Von der Faser zum gefärbten T-Shirt
    Hinweise für die Lehrkraft 27
    AB 1: Wie entsteht ein T-Shirt? 30
    AB 2: Plangi/Bindebatik – das Abbinden 31
    AB 3: Plangi/Bindebatik – das Färben 32
    AB 4: Plangi/Bindebatik – das Muster 33

IV. Arbeiten mit der Nähmaschine: Von der geraden Naht zum Nähmaschinen-Diplom
    Hinweise für die Lehrkraft 34
    AB 1: Die Nähmaschine kennenlernen 36
    AB 2: Fachbegriffe und Funktionen kennenlernen 37
    AB 3: Nähübungen auf Papier 38
    AB 4: Einfädeln des Oberfadens 39
    AB 5: So wird ein Stich gebildet 40
    AB 6: Aufspulen des Unterfadens 41
    AB 7: Einlegen des Unterfadens 42
    AB 8: Aufgaben zum Nähmaschinen-Diplom 43

Anhang
Lösungen 44
Bezugsadressen/Literaturverzeichnis/Bildnachweis 47
Beispiel einer Benutzungsordnung für die Werkstatt 48
Vorlage/Nähmaschinen-Diplom 49

Einleitung

Unterricht in der Textilwerkstatt bedeutet immer auch eine Herausforderung.
Viele Fragen tauchen auf:
- Welche Werkzeuge und Maschinen benötige ich?
- Wie lautet die richtige Bezeichnung?
- Wie steht es mit der Sicherheit und Funktionstüchtigkeit der vorhandenen Einrichtung?
- Wie bringe ich Werkzeuge und Materialien unter?
- Wie organisiere ich den Unterricht?
- Wie führe ich meine Schülerinnen und Schüler an die Materie heran und entwickle spannende Projekte?
- Wie wecke ich auch bei Jungen das Interesse an textilen Themen?

Oder Sie kommen an eine neue Schule und finden einen völlig vermüllten, veralteten Textilraum vor. Sie wissen nicht, wo Sie zuerst anfangen sollen, geschweige denn, wie Sie in diesem Chaos unterrichten sollen. Niemand fühlt sich so recht zuständig, doch schulterklopfend wird Ihnen freundlich versichert: „Sie machen das schon!"

Oder die Werkstatt platzt aus allen Nähten. Es ist ein Raum frei geworden, der sich hervorragend zur Einrichtung eines Textilraumes eignen würde. Oder die Konzeption für eine Neueinrichtung der Werkräume wird benötigt. Es graust Ihnen jedoch vor der großen Aufgabe, der Sie nun gegenüberstehen.

Was auch immer Sie zu diesem Thema geführt hat:
In den Rahmenplänen Technik/Werken und Textiles Gestalten steht an zentraler Stelle die Einführung in die Fachräume, Handhabung von Werkzeugen und Nähmaschinen, Arbeitsschutz sowie Umgang mit verschiedenen textilen Werkstoffen, Produktentwicklung und -herstellung.

Haben Sie mit Ihren Schülerinnen und Schülern die Werkstätten erst einmal „im Griff", sind erfolgreiche Unterrichtsprojekte leicht durchführbar. Bei einem guten Start ins Abenteuer Technik/Werken mit Textilien soll dieses Buch Sie unterstützen und begleiten. Um kompetent und erfolgreich in der Schulwerkstatt unterrichten zu können, erhalten Sie
- Tipps und Rezepte zur Ausstattung der Werkstatt,
- Hinweise zur Unterrichtsorganisation,
- einen detaillierten Fahrplan zur Durchführung von Projekten,
- Arbeitsblätter und Kopiervorlagen,
- weiterführende Informationen und Bezugsadressen.

Dabei wählen Sie – je nach Interessenlage – die Kapitel aus, die für Ihre aktuellen Vorhaben hilfreich sind:
Im 1. Teil finden Sie Informationen und Anregungen zur Ausstattung der Textilwerkstatt.

Im 2. Teil gibt es konkrete Aufgaben und Arbeitsblätter, die die Schülerinnen und Schüler befähigen, fachgerecht und sicher in der Werkstatt zu arbeiten.

Im 3. und 4. Teil finden Sie Unterrichtsprojekte, die für Jungen und Mädchen gleichermaßen ansprechend und interessant sind – und Lust auf mehr machen. Textilien und Mode sind nicht nur ein riesiger, globaler Wirtschaftsfaktor, sondern bestimmen auch einen großen Teil des Alltags unserer Schülerinnen und Schüler. Auf dem Weg zu verantwortlich handelnden Verbrauchern benötigen sie Unterstützung. Anhand der beiden Unterrichtsprojekte erhalten sie am Beispiel Baumwolle Informationen über textile Rohstoffe und deren Verarbeitung und erproben textile Verfahren wie Färben sowie Nähen mit der Maschine.

Viel Erfolg und Freude bei diesen Vorhaben!

Hanna Fischer

I. Die Textilwerkstatt verwalten – ein Werkraumcheck

1. Werkraum-Checkliste für die Lehrkraft

1.1 Arbeitsplätze

In der Textilwerkstatt eignet sich der Platz am Fenster für einzelne Schülerarbeitstische. Ansonsten gilt es, die Arbeitsplätze sehr gut zu beleuchten. Außerdem sollte jeder Arbeitsplatz über einen Stromanschluss für Nähmaschinen u. Ä. verfügen.

Für die Arbeit an Nähmaschinen sind höhenverstellbare **Einzelarbeitsplätze** am sinnvollsten. Dies können einfache Büroschreibtische sein, die jeweils mit einem Rollcontainer ausgestattet sind. Helle Flächen vermitteln einen sauberen Eindruck. Statt Hocker sind hier Stühle von Vorteil, damit die Schülerinnen und Schüler zwischendurch ihren Rücken entlasten können.

Einzelarbeitsplätze

Rollcontainer lassen sich einfach umfunktionieren, um in ihnen eine Nähmaschine und Kleinwerkzeug unterzubringen.

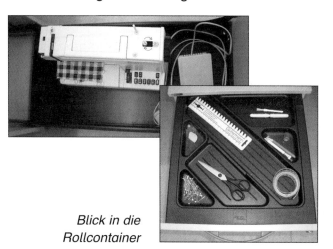

Blick in die Rollcontainer

Zwei **1 x 2 m große Mehrzwecktische**, zusammengestellt und von allen Seiten zugänglich, dienen zu Besprechungen in der Gesamtgruppe und für großflächige Arbeiten, wie z. B. das Zuschneiden der Stoffe. Damit man hier sowohl im Stehen als auch im Sitzen arbeiten kann, sollten die Tische höhenverstellbar sein.

Zwei Mehrzwecktische

Genügend Bewegungsfreiheit an den Arbeitsplätzen und an einem separaten Gruppenarbeitstisch für alle muss sein. Arbeitsplätze hintereinander benötigen einen Abstand von mindestens 0,85 m, Rücken an Rücken mindestens 1,50 m.

Bügelbretter können nach erledigter Arbeit auch zusammengeklappt in einer Ecke stehen. Diese hier haben ihren festen Platz unter einer Steckdosen-Ampel und sind von allen Seiten zugänglich.

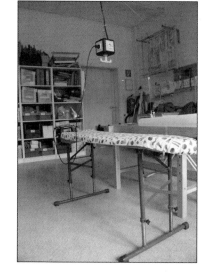

Bügelarbeitsplatz und Werkbank

Eine von allen Seiten zugängliche **Werkbank** wird für Lederarbeiten, zum Einschlagen von Ösen oder Nieten in Stoffe und ähnliche Tätigkeiten benötigt.

I. Die Textilwerkstatt verwalten – ein Werkraumcheck

Ein Tischwagen ist sehr praktisch, um Materialien und Werkzeuge zu transportieren.

Tischwagen

1.2 Unterbringung von Werkzeug und Material

Für den reibungslosen Ablauf des Unterrichts sind schnell auffindbare und greifbare Werkzeuge und Materialien unverzichtbar. Wenn man erst lange nach etwas suchen muss, ist der Unterricht in der Zwischenzeit „gelaufen".

Was in einer Holzwerkstatt wegen des Einstaubens verpönt ist, muss in der Textilwerkstatt vorhanden sein: genügend Schrank- und Regalfläche für die Lagerung von Materialien. Zur übersichtlichen und gut erreichbaren Unterbringung von Kleinwerkzeugen und Materialien sind **Schiebetürenschränke** mit geringer Tiefe geeignet. Diese hier haben in der Mitte einen praktischen Auszug, auf den man kurzfristig Dinge abstellen kann.

Zu Themen zusammengefasste Materialien, die öfter benötigt werden, erhalten einen gut zugänglichen Schrankbereich für sich.

Schiebetürenschrank mit Auszug

Größere Mengen textiler Materialien wie Baumwoll- und Wollgarne, Stoff- und Lederreste können sehr übersichtlich in einem **offenen Regal** in beschrifteten Deckelkästen untergebracht werden.

Regal mit Deckelkästen

Dekorative Materialien und Schülerpräsentationen wirken als Blickfang in einem **Schrank mit bruchfesten Glastüren**. Außerdem bietet dies eine gute Übersicht. Wegen der Stoffballen, die untergebracht werden müssen, sollte dieser Schrank auch eine größere Tiefe haben.

Glastürenschrank

Der Platz unter der Tafel zwischen zwei Schränken kann durch ein **niedriges offenes Regal** genutzt werden, in dem sich Dinge befinden, die für die Schüler schnell und einfach erreichbar sein müssen, wie z. B. Stifte, Unterlagen, Papier und Ähnliches.

I. Die Textilwerkstatt verwalten – ein Werkraumcheck

Niedriges Regal

Ein **halbhohes Regal mit einer Arbeitsplatte** kann vielfältig eingesetzt werden. Dieses beherbergt unter anderem ein Seidenfixiergerät, zwei Kochplatten und zwei Wasserkocher.

Halbhohes Regal mit Arbeitsplatte

Seidenmalrahmen nehmen keinen unnötigen Platz weg, wenn sie an zwei Kragarmen, die an einer Wand befestigt sind, aufgehängt werden. Außerdem sieht das Ganze dann noch dekorativ aus.

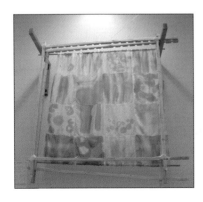

Aufhängung für Seidenmalrahmen

Oberstes Gebot bei der Unterbringung von Werkzeugen und Material ist die **Übersichtlichkeit und gute Auffindbarkeit**. Weiterhin gilt auch hier: Oft Benötigtes und Schweres nach unten, selten Benötigtes und Leichtes nach oben. Haltbare, genormte Kästen ersparen viel Ärger, unnötige Arbeit und Chaos.

Für **Materialien**, die Platz in Schränken haben, eignen sich **Stapelkästen**, die in verschieden genormten Größen in Baumärkten erhältlich sind. Aus den nach vorn hin halb-offenen, stapelbaren **Sichtkästen** lassen sich die Materialien mühelos entnehmen.

Sichtkästen mit Materialien zum Seidenmalen haben hier einen extra Bereich im Schrank

Materialien, die in **offenen Regalen** lagern, sind in **genormten Deckelkästen** gut untergebracht. Sie enthalten – gut sichtbar beschriftet – Wolle in verschiedenen Farben, verschiedene Stoffarten, Leder, Materialien zum Färben und Drucken und anderes textiles Material. Bei Bedarf wird das Benötigte schnell gefunden und herausgenommen.

Textile Materialien gut erreichbar im Regal

I. Die Textilwerkstatt verwalten – ein Werkraumcheck

Durchsichtige Deckelkästen (Kleinteile-Sortierboxen aus dem Baumarkt) mit verschiedenen Fächern sind z. B. zur übersichtlichen Aufbewahrung für kleines Textilwerkzeug und Verbrauchsmaterial nützlich.

Eine „zweckentfremdete" Kleinteile-Sortierbox mit kleinem Textilwerkzeug

Zur **Aufbewahrung kleinerer Schülerarbeiten** eignen sich große genormte Kisten, die übersichtlich in einem **Regal** stehen. Die Klassenkästen mit den angefangenen Schülerarbeiten sind deutlich beschriftet und zu Beginn des Unterrichts schnell zur Hand.

Grundsätzlich gilt: Beschriften Sie die Werkzeug- und Materialkästen möglichst deutlich. Sortieren Sie Gleiches zu Gleichem. Das Erstellen von Etiketten dafür ist eine sinnvolle Schüleraufgabe am PC.

Zusammenfassend ein Kriterienkatalog:
- **Gute Erreichbarkeit**
  Um die Selbsttätigkeit der Schülerinnen und Schüler zu fördern, sollten Werkzeuge gut erreichbar sein.
- **Übersichtlichkeit**
  Alles ist klar beschriftet. Es wird dadurch gut erkennbar, wohin die Materialien und Werkzeuge nach Gebrauch wieder zurückgeräumt werden müssen.
- **Abschließbar**
  Um dem Schwund an Werkzeugen vorzubeugen, sollten alle Schränke abschließbar und der Schlüssel nur für verantwortliche Personen zugänglich sein. Während des Unterrichts werden nur die benötigten Schränke aufgeschlossen. So behält man den Überblick.
- **Platzsparend**
  Eine möglichst geringe Tiefe der Schränke hat sich bewährt. Mal ehrlich – wer steigt auf die Leiter und versucht, im hintersten Winkel eines Schrankes die verrutschten Materialien hervorzuziehen? Rollladenschränke sind u. U. zwar empfindlich, man stößt sich jedoch nicht an offenen Türen. Wer Rollläden nicht mag, nimmt Schiebetüren. Der Nachteil: Eine Seite ist immer geschlossen.
- **Schnell auffindbar**
  Offene Regale sind dann angebracht, wenn mit einem Griff etwas zur Verfügung stehen soll.
- **Selteneres Benötigtes und Leichtes nach oben, Schweres nach unten:**
  In Hängeschränken oder Aufsatzschränken lassen sich in stapelbaren Normkästen Gegenstände für bestimmte Unterrichtseinheiten lagern. Sie werden hervorgeholt, wenn ein entsprechendes neues Projekt ansteht. Schweres Werkzeug und Nähmaschinen sind am besten unten im Schrank aufgehoben.

1.3 Weitere Ausstattungsgegenstände

Folgende Elektrogeräte und folgendes Zubehör gehören unbedingt in eine Textilwerkstatt:
- pro Schüler eine Nähmaschine
- Bügeleisen in ausreichender Menge; eine komplette Bügelstation wäre ideal
- Elektrokocher mit 2 Platten
- Wasserkocher
- Fön
- Kochtöpfe
- Wäscheständer, robust, nicht rostend
- Plastikwannen
- Materialkörbe und -schalen

Bei **Nähmaschinen** ist einfache Bedienbarkeit, Robustheit und bewährte Markenware wesentlich. Was nützt das „Schnäppchen", wenn keine Ersatzteile erhältlich sind oder die Fachwerkstatt keine Reparatur an der Billigmaschine ausführen kann. Jeder Arbeitsplatz im Textilraum sollte mit einer Maschine bestückt sein, außerdem sind einige **Overlock-Maschinen** und ein bis zwei **Stickcomputer mit dazugehörigem Scanner** sinnvoll, damit die Schülerinnen und Schüler ihre eigenen Entwürfe kreieren können. Hier gelten die gleichen Qualitäts-Kriterien wie bei den Nähmaschinen.

Für den Textilraum eignen sich **Whiteboard-Tafeln** mit Magneten ausgezeichnet. Auf der hellen Fläche lassen sich mit farbigen Spe-

I. Die Textilwerkstatt verwalten – ein Werkraumcheck

zialstiften sehr genau Zeichnungen und Arbeitstexte anfertigen. Schnell sind Abbildungen, Wortkarten oder leichte textile Materialien und Gegenstände mit Magneten angeheftet und abgenommen. Aus Platzgründen wäre eine normale Tafel mit Flügeln ungünstig.

Whiteboard-Tafel

Passt ein **personengroßer Spiegel** nicht an die Wand, kann er auch in eine Nische gestellt und bei Bedarf hervorgeholt werden.

Ein großes **Wasch- und Ausgussbecken mit Schlammfang** steht idealerweise an einer Außentür, um tropfnasse Arbeiten draußen aufhängen zu können. Natürlich muss dieser Nass-Platz großzügig gefliest sein. Eine **Waschmaschine** – so vorhanden – gehört ebenfalls in den Nassbereich.

Außer den Wasser- und Elektroinstallationen sollten im Idealfall auch Anschlüsse für Computer, Internet und Telefon vorhanden sein.

Für die **Stromanschlüsse** haben sich von der Decke hängende Steckdosenampeln bewährt sowie eine unter dem Fenster verlaufende Leiste mit Anschlüssen.

Steckdosenampel

Erste-Hilfe-Kasten und **Not-Aus-Schalter** sind auch in einer Textilwerkstatt unabdingbar, ein Telefon für den Notfall ebenfalls.

> **Tipp:** Die Lehrkräfte sollten mit den Näh- und Overlock-Maschinen unbedingt vertraut sein. Andernfalls haben sie ständig Ärger mit defekten Maschinen.

I. Die Textilwerkstatt verwalten – ein Werkraumcheck

2. Erleichterungen für behinderte Schülerinnen und Schüler

Eine Werkstatt-Einrichtung, die auch für Rollstuhlfahrer/-innen und für Schülerinnen und Schüler geeignet ist, die in ihrer Wahrnehmung und Motorik eingeschränkt sind, zahlt sich für alle Beteiligten aus. Ein Raum, in dem sich Rollstuhlfahrer/-innen ungehindert bewegen können, lässt Freiraum für alle.
Der Wendekreis eines großen E-Rollstuhls beträgt maximal 1,40 m. Bei modernen Rollstühlen ist der Wendekreis so groß, wie der Rollstuhl lang ist.

Höhenverstellbarer Einzelarbeitstisch

Höhenverstellbare Einzelarbeitstische werden auch für verschieden große Schülerinnen und Schüler benötigt.

Selbst **Waschbecken** lassen sich höhenverstellbar anfertigen.

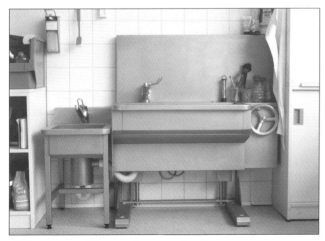

Höhenverstellbares Ausgussbecken mit Schlammfang

Schränke, deren Türen nicht in den Raum hineinragen, wie **Rollladen- oder Schiebetürenschränke**, sollten generell bevorzugt werden. Aus diesem kann auch eine Schülerin/ein Schüler, die/der im Rollstuhl sitzt, das Werkzeug ohne fremde Hilfe entnehmen und es wieder zurückräumen. Die Schülerin/der Schüler stößt sich nicht an offenen Türen und hat genügend Platz zum Rangieren.

Individuell nummerierte Werkzeugkästen eignen sich besonders für den Einsatz in der Arbeit mit behinderten Schülerinnen und Schülern. Da jeder Arbeitsplatz nummeriert ist, finden sie mühelos ihr dazugehöriges Werkzeug.

Auszüge unter den höhenverstellbaren Arbeitstischen erleichtern das Aufstellen der Nähmaschinen am Arbeitsplatz.

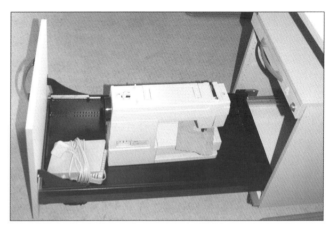

Näharbeitsplatz mit Vollauszug zur Unterbringung der Nähmaschinen

Nähmaschinen können von Rollstuhlfahrern sehr gut bedient werden. Das Fußpedal wird dazu einfach auf den Tisch gestellt und mit der Hand oder dem Ellenbogen bedient.

Es gibt verschiedene Scheren für Schülerinnen und Schüler mit motorischen Einschränkungen. Bei der Druckschere wird zum Schneiden auf den oberen Schenkel gedrückt.

Spezialscheren

I. Die Textilwerkstatt verwalten – ein Werkraumcheck

Anti-Rutsch-Unterlagen (erhältlich im Geschäft für Bootsbedarf) eignen sich als Unterlage für Scheren und verschiedene Materialien, die gegen das Verrutschen gesichert sein sollen.

Unterlage gegen Verrutschen

Auch zum Weben gibt es spezielle Webrahmen: Der Schussfaden wird hier einfach um die Stäbchen gelegt.

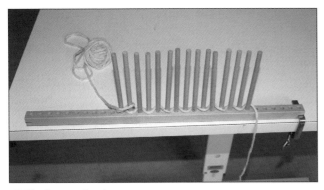

Stäbchenwebrahmen

Ganz normale Bügelbretter sind praktisch, da sie sowieso höhenverstellbar sind. Ein für Rollstuhlfahrer/-innen unterfahrbares Bügelbrett müsste allerdings extra angefertigt werden.

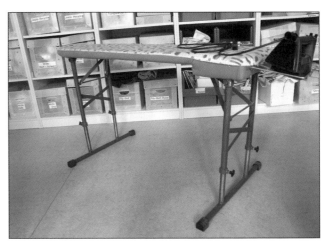

Höhenverstellbares Bügelbrett

Das Aufsammeln von Nadeln und das Fixieren von dünnen Materialien kann durch Magnete erleichtert werden.

Manche Nähmaschinen haben einen eingebauten Nadeleinfädler. Die kleinen, im Kurzwarenhandel erhältlichen Nadeleinfädler können aber ebenso hilfreich sein.

Durch ein schweres Lineal wird das Zeichnen gerader Linien erleichtert. Eine Schreibhilfe aus Plastik lässt sich über jeden Stift ziehen und erleichtert das Halten. Ergonomisch geformte Stifte mit Gumminoppen tun es auch.

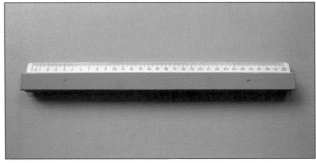

Schweres Lineal

II. ORIENTIEREN UND ARBEITEN IN DER TEXTILWERKSTATT

Mein Arbeitsplatz – Hinweise für die Lehrkraft

Die Nummerierung der Schülerarbeitsplätze trägt zur Selbstverantwortlichkeit bei.
Dies klingt fast wie eine Zauberformel, ist es auch ein wenig: Bevor eine Gruppe die Arbeit beginnt, sollten für die einzelnen Schüler geeignete Arbeitsplätze gefunden werden. Vorrang haben Rollstuhlfahrer/-innen und Linkshänder/-innen.

Des Weiteren werden Schüler/-innen auseinandergesetzt, bei denen Reibereien programmiert sind oder die aus anderen Gründen nicht nebeneinander arbeiten sollten. Die übrigen „mischen sich unters Volk".

Jeder Schüler/jede Schülerin hat nun seinen/ihren nummerierten Arbeitsplatz und wird in die dazugehörige Liste eingetragen. Für diesen Arbeitsplatz trägt er/sie nun die Verantwortung.

Meist sind die Schüler/-innen begeistert, wenn sie sehen, was alles zu ihrem Arbeitsplatz dazugehört, beispielsweise eine Nähmaschine, ein Schubfach mit Nähwerkzeugen, ein Kasten mit weiteren wichtigen Werkzeugen und notwendigen Materialien.

In Schulen oft als altmodisch und „uncool" abgetan, in Betrieben jedoch unabdingbar: die dazugehörige Arbeitskleidung. Auf diese Weise wirkt selbst der Kittel motivierend. Während der Arbeitszeit in der Werkstatt wird die eigene Jacke mit dem Kittel auf dem (ebenfalls nummerierten) Haken ausgetauscht. Arbeitskleidung ist beim Umgang mit Farben notwendig.

Im Laufe der Zeit lernt die Gruppe bestimmte Wege im Raum kennen und Ordnungskriterien zu akzeptieren. Jeder erkennt sofort, wem etwas gehört, wer wofür verantwortlich ist. Selbst nachfolgende Klassen können vorherige Benutzer ausfindig machen und ansprechen, falls etwas fehlt, ungesäubert oder kaputt ist. Die soziale Kontrolle untereinander wirkt nachhaltiger als Ermahnungen von Lehrerseite.

Ausgehend von der Verteilung der Arbeitsplätze wird eine Grundlage für geordnetes, strukturiertes Arbeiten in der Werkstatt geschaffen. Dies erleichtert den Alltag enorm, steigert die Produktivität und verbessert das „Betriebsklima".

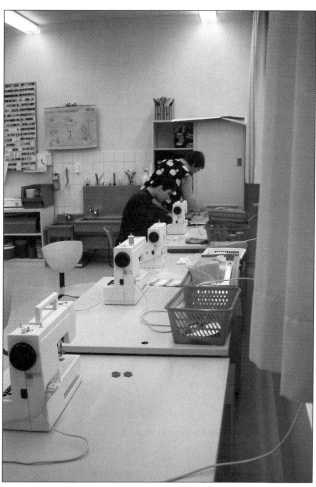

Näharbeitsplätze

II. ORIENTIEREN UND ARBEITEN IN DER TEXTILWERKSTATT

Mein Arbeitsplatz – Benutzerliste für die Arbeitsplätze

Klasse/Lehrkraft:					
	Name/Schüler/-in	Name/Schüler/-in	Name/Schüler/-in	Name/Schüler/-in	Name/Schüler/-in
Nr. 1					
Nr. 2					
Nr. 3					
Nr. 4					
Nr. 5					
Nr. 6					
Nr. 7					
Nr. 8					
Nr. 9					
Nr. 10					

Klasse/Lehrkraft:					
	Name/Schüler/-in	Name/Schüler/-in	Name/Schüler/-in	Name/Schüler/-in	Name/Schüler/-in
Nr. 11					
Nr. 12					
Nr. 13					
Nr. 14					
Nr. 15					
Nr. 16					
Nr. 17					
Nr. 18					
Nr. 19					
Nr. 20					

Hanna Fischer: Textilwerkstatt – Von der Faser zum Färben und Nähen
© Persen Verlag – AAP Lehrerfachverlage GmbH, Buxtehude

II. ORIENTIEREN UND ARBEITEN IN DER TEXTILWERKSTATT

Mein Arbeitsplatz

Das gehört zu meinem Arbeitsplatz – Aufgaben

1. Schreibe neben die Abbildungen, was zu deinem Arbeitsplatz gehört.
2. Was meinst du, wozu benötigst du diese Dinge? Beschreibe kurz.
3. Finde das Zubehör mit deiner Nummer im Raum.

Materialkasten, Nähwerkzeuge, Nähmaschine, Stromanschluss, Kittel

II. ORIENTIEREN UND ARBEITEN IN DER TEXTILWERKSTATT

Regeln und Vereinbarungen 1

Regeln in der Werkstatt

Jede Schülerin und jeder Schüler ...

1. betritt nur in Begleitung der Lehrperson die Werkstatt, wenn nichts anderes vereinbart ist.
2. merkt sich seine Arbeitsplatznummer oder findet sie auf der Benutzerliste.
3. zieht sich – entsprechend seiner Nummer – vor dem Unterricht Arbeitskleidung an, wenn mit Farbe gearbeitet wird.
4. bewahrt Straßenkleidung und Schultasche an einem gesonderten Platz außerhalb der Werkstatt auf.
5. richtet sich ihren/seinen Arbeitsplatz mit den dazugehörigen, nummerierten Werkzeugen – je nach Bedarf – möglichst selbstständig ein.
6. stoppt die Arbeit und meldet sofort:
   a) wenn eine Nähmaschine oder ein Werkzeug nicht erwartungsgemäß funktioniert,
   b) beschädigte Werkzeuge,
   c) verbrauchtes Material,
   d) Verletzungen.
7. benutzt – wenn nicht anders vereinbart – ausschließlich sein eigenes nummeriertes Werkzeug.
8. arbeitet nur an Nähmaschinen, wenn dazu die Erlaubnis gegeben wurde.
9. ist für sorgfältige Pflege und sachgerechten, sicheren Umgang mit Werkzeugen und Materialien verantwortlich.
10. räumt nach jedem Arbeitsschritt die nicht mehr benötigten Werkzeuge auf, sodass der Arbeitsplatz frei und sauber für den neuen Arbeitsgang ist.
11. unterbricht seine Arbeit und lässt alles stehen und liegen, falls dies notwendig ist, z. B. für Kurzbesprechungen oder Erklärungen während des Unterrichtes.
12. hört und sieht zu, wenn jemand etwas vorträgt oder zeigt.
13. lässt andere ausreden und meldet sich, wenn sie/er einen Beitrag dazu abgeben möchte.
14. bespricht zuerst das Arbeitsergebnis und das weitere Vorgehen, bevor sie/er einen neuen Arbeitsschritt beginnt.
15. erfüllt die vereinbarte Aufgabe beim Ausgeben von Materialien oder beim Aufräumen auch noch nach dem Klingelzeichen.
16. mischt sich nicht in die Aufgaben anderer ein.
17. kann andere um Unterstützung bitten und unterstützt andere.
18. räumt nach der Arbeit alle Werkzeuge und Materialien zurück und säubert den eigenen Arbeitsplatz, falls nichts anderes vereinbart ist.
19. beachtet die Sicherheitsbestimmungen (z. B. bei Arbeiten mit der Nähmaschine Kabel so legen, dass keine Stolpergefahr besteht, spitzes Werkzeug sicher zwischenlagern).
20. kennt Feuerschutzeinrichtungen, Not-Aus-Schalter und Fluchtwege.
21. hängt die Arbeitskleidung erst nach Beendigung des Unterrichts an den dafür vorgesehenen Haken.

II. ORIENTIEREN UND ARBEITEN IN DER TEXTILWERKSTATT

Regeln und Vereinbarungen 2

Aufgaben für die Partner- oder Gruppenarbeit

1. Lest die Regeln aufmerksam durch.

2. Benennt und notiert die Regeln,

   a) ... die eurer Sicherheit in der Werkstatt dienen:

   _____
   _____
   _____

   b) ... die die Ordnung in der Werkstatt gewährleisten:

   _____
   _____
   _____
   _____

   c) ... die für den reibungslosen Ablauf der Arbeit wichtig sind:

   _____
   _____
   _____
   _____

   d) ... die eine gute Zusammenarbeit und kollegiales Klima fördern:

   _____
   _____
   _____
   _____

   e) Achtung: Manche Regeln gelten für mehrere Bereiche. Welche sind es?

   _____
   _____
   _____

II. ORIENTIEREN UND ARBEITEN IN DER TEXTILWERKSTATT

Das Werkzeug – Hinweise für die Lehrkraft

Die folgenden Arbeitsblätter/Kopiervorlagen bilden die Arbeitsgrundlage für eine **Werkzeug-Rallye** in Partner- oder Gruppenarbeit zu dem Thema: **So werden wir Werkzeugexperten.**

Sobald sich die Schüler/-innen mit ihrem Arbeitsplatz und dessen Zubehör vertraut gemacht haben, benötigen sie Informationen über das Werkzeug, dessen Funktion und Handhabung. Jede Expertengruppe erhält ihr spezielles **Werkzeugblatt**. Alle erhalten dazu den **Aufgabenbogen für die Werkzeugrallye**, den sie bearbeiten.

Folgende Werkzeuge und Hilfsmittel, die auch in der Textilwerkstatt benötigt werden, bleiben unberücksichtigt, sollen hier aber der Vollständigkeit halber aufgeführt werden:

Für exakte Zuschnitte:
- Schneidmatte
- Schneidmesser mit Ersatzklingen
- Patchwork-Lineal
- Linkshänderscheren

Für Brennproben und Experimente:
- Pinzetten
- Lupen
- Materialschalen
- Materialkörbe

Zum **Kennenlernen und Üben der richtigen Bezeichnungen und Fachbegriffe** eignet sich ein Karteikartensystem: ein Karteikasten, in den Kärtchen mit Bezeichnung, Abbildung (aus alten Werkzeugkatalogen ausgeschnitten) und Funktion des jeweiligen Werkzeuges nach und nach hineinwandern.

Name des Werkzeugs

_____

Verwendung:

Bild einkleben!

_____

_____

_____

Hanna Fischer: Textilwerkstatt – Von der Faser zum Färben und Nähen
© Persen Verlag – AAP Lehrerfachverlage GmbH, Buxtehude

II. ORIENTIEREN UND ARBEITEN IN DER TEXTILWERKSTATT

Das Werkzeug

Aufgaben zur Werkzeugrallye

1. Sucht euch einen Partner oder teilt euch in kleine Gruppen auf.

2. Ihr erhaltet ein spezielles Werkzeugblatt mit Informationen zu dem Aufgabenbogen.

3. Jede Expertengruppe erarbeitet ihr Spezialgebiet.

4. Sie trägt das Ergebnis der Klasse vor.

So werden wir Werkzeugexperten

1. Sucht und findet die auf dem Werkzeugblatt abgebildeten Werkzeuge in der Werkstatt.

2. Findet für jedes Werkzeug den richtigen Fachausdruck heraus.

3. Wie funktionieren die Werkzeuge? Wie werden sie verwendet?

4. Holt euch Unterstützung bei eurer Lehrkraft, falls es nötig ist.

5. Als Experten für das Werkzeug stellt ihr es nun der Gruppe vor:
   Nennt den richtigen Fachausdruck und die passende Verwendung.

6. Schreibt den Namen und die Verwendung des Werkzeuges auf eine Karteikarte,
   schneidet eine Abbildung (aus einem alten Werkzeugkatalog) dazu aus und klebt sie ein.

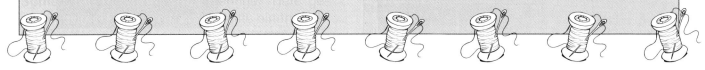

II. ORIENTIEREN UND ARBEITEN IN DER TEXTILWERKSTATT

Das Werkzeug 2

1. Nähwerkzeuge für meinen Arbeitsplatz

① Schneiderschere (Wirklich nur für Textilien benutzen. Sie wird sonst stumpf.)
② Maßband, 2000 mm
③ Stahllineal 500 mm (ohne Abb.)
④ Stecknadeln
⑤ Sortiment Nähnadeln (ohne Abb.)
⑥ Sortiment Nähmaschinennadeln, auch für Leder und andere Materialien (Verbrauchsmaterialien) (ohne Abb.)
⑦ Schneiderkreide (Verbrauchsmaterial) als Stift und als Stück
⑧ Fingerhut
⑨ Trenner
⑩ Maß für Markierungen auf Stoff

Ordne die abgebildeten Werkzeuge den entsprechenden Nummern zu. Schreibe sie in die Kreise.

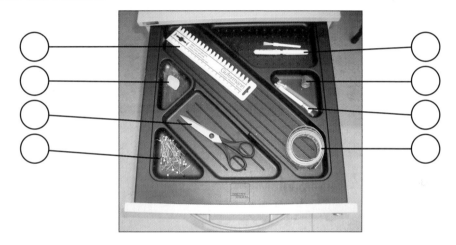

2. Verschiedene Nadeln und Hilfsmittel

Zum Stricken:
① Strickmühle
② Rundstricknadeln
③ normale Stricknadeln
④ Strickliesel
⑤ große Sicherheitsnadel

Zum Sticken:
⑥ Sticknadeln, versch. Größen
   Stickrahmen (ohne Abb.)

Zum Nähen:
⑦ Nähnadeln
⑧ Nadeleinfädler
⑨ Stecknadeln
⑩ Nähmaschinennadeln

Zum Häkeln:
⑪ Smyrna-Nadel (ursprünglich zum Teppichknüpfen)
⑫ Häkelnadeln in verschiedenen Größen

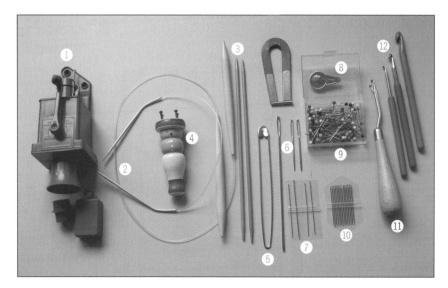

II. ORIENTIEREN UND ARBEITEN IN DER TEXTILWERKSTATT

Das Werkzeug 3

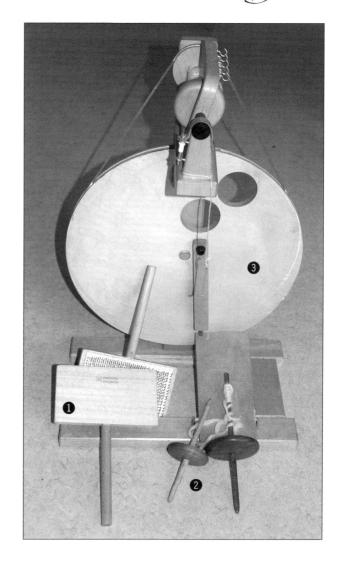

1. Werkzeuge zum Spinnen von Fäden

❶ Karden zum Kämmen der Rohwolle
❷ Handspindeln
❸ Spinnrad

2. Werkzeuge zum Weben von Stoffen

❶ Webrahmen, 1 m breit mit Füßen
❷ passende Gatterkämme
❸ Webschiffchen
❹ Stäbchenwebgerät
❺ Tisch-Webrahmen, klein
❻ Scheerklammern
❼ Rundwebrahmen
❽ Anschlagkämme
❾ einfaches Webgerät aus Pappe (zum Üben)
❿ eine Garnwinde ist nützlich, um Wollstränge abzuwickeln (nicht abgebildet)

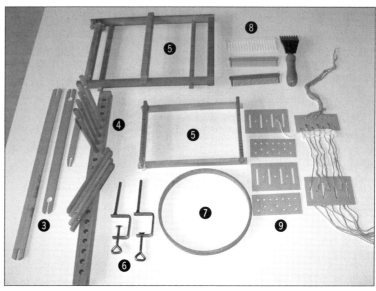

II. ORIENTIEREN UND ARBEITEN IN DER TEXTILWERKSTATT

Das Werkzeug

1. Hilfsmittel zum Filzen von Wolle

❶ Filzmatte aus Schaumstoff
❷ Tablett zum Auffangen der Feuchtigkeit
❸ Messbecher, 1 l
❹ Frottee-Tücher
❺ Bastmatte zum Herstellen von Filzflächen
❻ Schüssel
❼ Sprühflasche
❽ Seife
❾ Mag man Wolle nicht nass filzen, gibt es auch Nadeln zum Trockenfilzen. (ohne Abbildung)

2. Werkzeuge für Lederarbeiten

❶ Lochzangen
❷ Locheisen (gibt es in verschiedenen Größen)
❸ Mehrzweckschere (besser zu handhaben als Lederschere)
❹ Lederschere
❺ Ledernadeln, auch für die Nähmaschine
❻ Pfriem (zum Stechen von Löchern)

Ordne die Fachausdrücke zu und trage die richtigen Nummern ein.

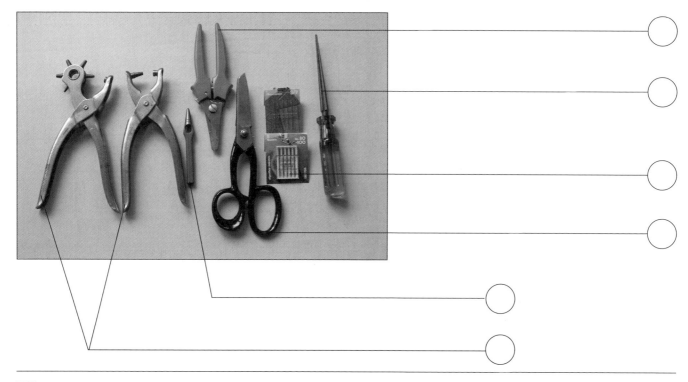

Hanna Fischer: Textilwerkstatt – Von der Faser zum Färben und Nähen
© Persen Verlag – AAP Lehrerfachverlage GmbH, Buxtehude

II. ORIENTIEREN UND ARBEITEN IN DER TEXTILWERKSTATT

Das Werkzeug 5

Werkzeuge zum Färben, Bemalen und Bedrucken von Stoffen

Zum Drucken:
1. Stoffdruckstempel
2. Pinsel
3. Siebe und Rakeln für Siebdruck

Zum Seidenmalen:
1. Seidenmalrahmen, groß
2. Seidenmalrahmen, klein (mindestens 2-3 Stück pro Platz)
3. Dreikantstifte
4. Seidenmalrahmen für Kissenhüllen
5. Seidenmalpinsel
6. Fixiergerät (ohne Abbildung)

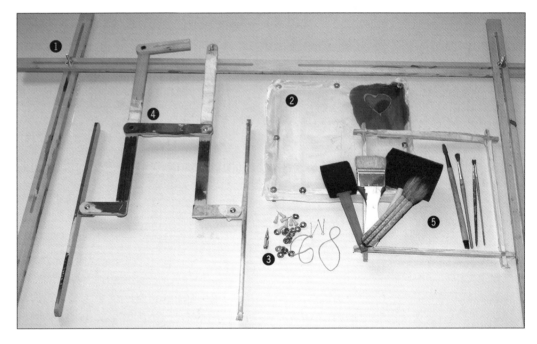

a) Finde in deiner Werkstatt die folgenden, nicht abgebildeten Werkzeuge zum Marmorieren und Färben. Lege sie auf deinen Arbeitsplatz.

Zum Marmorieren:
1. Wanne
2. Marmorierkämme
3. Marmorierspachtel

Zum Färben:
1. Plastikschüsseln
2. Thermometer
3. Gummihandschuhe

b) Fehlt etwas? Schreibe es auf.
c) Schreibe dazu, wofür du es benötigst.

II. ORIENTIEREN UND ARBEITEN IN DER TEXTILWERKSTATT

Arbeiten – aber sicher – Hinweise für die Lehrkraft

In jede Werkstatt gehört ein gut sichtbarer, gefüllter Erste-Hilfe-Schrank. Besonders Pflaster sind schnell verbraucht. Sorgen Sie für Nachschub.

Erste-Hilfe-Schränkchen

In Räumen, in denen elektrische Geräte betrieben werden, muss sich an gut sicht- und erreichbarer Stelle mindestens ein Not-Aus-Schalter befinden. Halten Sie den Schlüssel dafür immer bereit. Gern drücken Schüler „mal so aus Versehen" auf den leuchtenden Schalter.

Not-Aus-Schalter

Machen Sie Arbeitssicherheit ständig zum Unterrichtsthema. Zeigen Sie den sachgerechten Umgang mit Werkzeugen und Material. Bestehen Sie beim Färben auf Arbeitskleidung und beim Maschinennähen auf zurückgebundene lange Haare, auch wenn es noch so „uncool" ist.

Sachgerechter, sicherer Umgang mit den Werkzeugen als Voraussetzung für unfallfreies Arbeiten wird am besten mit den Schülern geübt, wenn die Situation oder die Aufgabe es gerade erfordert.
Unfallverhütung ist Unterrichtsprinzip und sollte zum selbstverständlichen Verhalten Ihrer Schülerinnen und Schüler werden. Die wichtigsten Vereinbarungen werden schriftlich festgelegt. Dazu dienen die folgenden Kopiervorlagen. Selbstverständlich gehört es dazu, mit den Schülern den Grund dieser Vereinbarungen und der zum Teil strikten Regelungen zu besprechen bzw. zu erarbeiten. Nur so können die Regeln auch akzeptiert werden.

So wird eine Schere weitergereicht

ⓘ Es lohnt sich, mit der Klasse die sehr sehenswerte ständige Ausstellung „Mensch – Arbeit – Technik" der DASA (Deutsche Arbeitsschutzausstellung der Bundesanstalt für Arbeitsschutz und Arbeitsmedizin) in Dortmund zu besuchen. Aktuelle Broschüren hierzu werden den Schulen zugesandt. (www.dasa-dortmund.de)

ⓘ Jeweils aktuelle Informationen und spezielle Broschüren zum Arbeitsschutz gibt es über die gesetzliche Unfallversicherung der Schule. Bei den zuständigen Unfallversicherungsträgern der Länder sind diese kostenlos erhältlich. Die Adressen finden sich unter www.unfallkassen.de in der Rubrik „Ihr Unfallversicherungsträger", Publikationen.

II. ORIENTIEREN UND ARBEITEN IN DER TEXTILWERKSTATT

Arbeiten – aber sicher 1

Hinweise zur Unfallverhütung

Lies die Hinweise zur Unfallverhütung aufmerksam.

1. Den Boden halte ich frei von Stolperfallen wie zum Beispiel Schultaschen.

2. An Nähmaschinen und mit Bügeleisen arbeite ich nur nach vorheriger Einweisung und genauer Absprache.

3. Elektrokabel lege ich so, dass niemand darüber stolpern kann (Anschluss zum Beispiel über die Steckdosenampeln).

4. Heiße Bügeleisen stelle ich grundsätzlich auf dem Metallrost ab, auch wenn ich das Bügeln nur kurz unterbreche.

5. Vor Verlassen des Bügelarbeitsplatzes stelle ich das Bügeleisen aus und ziehe vorsichtshalber den Stecker heraus.

6. Ich ziehe den Stecker nicht am Kabel heraus, sonder fasse dazu den Stecker an.

7. Bei Störungen schalte ich das Gerät sofort ab, trenne es von der Stromzufuhr und informiere die Aufsichtsperson.

8. Bei drohender Gefahr und Verletzungen durch bewegliche Nähmaschinenteile drücke ich sofort den Not-Aus-Schalter.

9. Bei Verletzungen – auch kleineren – unterbreche ich die Arbeit und informiere die Aufsichtsperson. Auch kleine blutende Verletzungen sind sofort mit Pflaster zu versorgen.

10. Ich folge den Anweisungen der Aufsichtsperson. Auf Zuruf und bei drohender Gefahr stoppe ich sofort meine Arbeit.

11. Pfützen auf dem Fußboden wische ich sofort mit einem trockenen Lappen weg.

12. Ich benutze die Werkzeuge sachgerecht und nur zu dem für sie vorgesehenen Zweck.

13. Wenn ich mit einem Problem nicht weiterkomme, ziehe ich die Aufsichtsperson zu Rate, bevor ich ein Werkzeug womöglich anders einsetze als vorgesehen.

14. Ich lege nur die Werkzeuge und Materialien auf meinen Arbeitsplatz, die ich zurzeit benötige. Scheren schließe ich bevor ich sie ablege. Nadeln lege ich nur in Behältern ab.

15. Ich säubere den Arbeitsplatz vor jedem neuen Arbeitsschritt.

16. Scheren und andere spitze Werkzeuge reiche ich so weiter, dass das spitze Ende von mir gehalten wird.

17. Ich übernehme Werkzeuge in Ruhe und reiße sie niemandem aus der Hand.

II. ORIENTIEREN UND ARBEITEN IN DER TEXTILWERKSTATT

Arbeiten – aber sicher

Unfallverhütung/Aufgaben zum Text

Arbeite mit einem Partner oder in der Gruppe.
1. Lest das Hinweisblatt zur Unfallverhütung.
2. Diskutiert und ergänzt dann die folgenden Sätze.

So vermeide ich Unfälle oder verhüte Schlimmeres. Wenn …

a) ich an der Nähmaschine arbeiten will, _____

b) ich mit dem Bügeleisen arbeiten will, _____

c) ich meine Bügelarbeit beendet habe, _____

d) ein elektrisches Gerät nicht so funktioniert wie erwartet, _____

e) jemand, der mit einem elektrischen Gerät arbeitet, in Gefahr gerät, _____

f) ich mich verletzt habe, _____

g) ich eine Anweisung meiner Aufsichtsperson erhalte, _____

h) ich ein elektrisches Gerät an die Steckdose anschließe, _____

i) Flüssigkeiten verschüttet werden, _____

j) ich mit einem Werkzeug arbeite, _____

k) ich mit einem Problem allein nicht weiterkomme, _____

l) verschiedene Werkzeuge und Materialien für verschiedene Arbeitsschritte benötigt werden, _____

Arbeiten – aber sicher

Zum sicheren Umgang mit der Nähmaschine

1. Lies die Sicherheitshinweise.

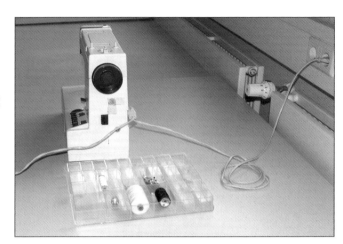

❶ Beim Aufstellen der Maschine zuerst das Kabel mit der Maschine verbinden, dann erst den Stecker in die Steckdose stecken.

❷ Wenn du die Nähmaschine abbaust, zuerst den Stecker aus der Steckdose ziehen, dann das Kabel aus der Maschine. Dabei ziehst du am Stecker, nicht am Kabel.

❸ Die Kabel liegen so, dass niemand über sie stolpern kann und sie nicht in die Nähe der Nadel geraten.

❹ Sei vorsichtig bei langen Haaren und Schmuck. Sie können sich in der Nähmaschine verfangen. Binde lange Haare zusammen und lege deinen Schmuck ab.

❺ Halte besonders mit Kopf und Fingern einen Sicherheitsabstand zu allen beweglichen Teilen: zur Nadel, zum Handrad und zum Fadenhebel.

❻ Benutze nie eine Maschine mit defekten Kabeln oder Steckern.

❼ Stoppe sofort das Nähen, wenn Gefahr droht und ziehe den Netzstecker oder drücke den Not-Aus-Schalter.

❽ Richte deinen Arbeitsplatz so ein, dass Schere und anderes Zubehör rechts neben der Maschine liegt, damit links Platz für den Stoff bleibt.

❾ Schalte den Hauptschalter an der Maschine auch bei kurzen Arbeitsunterbrechungen aus.

❿ Achte stets auf den sicheren (festen) Sitz der Nadel.

2. Begründe diese Sicherheitsmaßnahmen. Benenne die Gefahren.

_____

_____

_____

_____

III. ARBEITEN MIT TEXTILIEN: VON DER FASER ZUM GEFÄRBTEN T-SHIRT

Hinweise für die Lehrkraft

1. Vom Rohstoff Baumwolle bis zum T-Shirt
(ca. 3 Doppelstunden)

Mit Baumwolle haben die Schülerinnen und Schüler täglich zu tun, ohne dass es ihnen bewusst wird. Daher sollten sie, bevor sie mit dem Material arbeiten und gestalten, einige wichtige Informationen darüber erhalten.

Über Baumwolle gibt es sehr vielfältige Veröffentlichungen und Unterrichtsmaterialien:
- **Anschauungsmaterial** aus erster Hand erhalten Sie (auf Rechnung) bei der Bremer Baumwollbörse, wie z. B. Baumwollsamen und -zweige, Miniatur-Baumwollballen und Stoffmusterkarten, Lehr- und Infomaterial, eine Weltkarte sowie weitere Literatur und Faltblätter.
- In **Katalogen** von Naturtextilien-Versandhäusern sind viele Abbildungen von Baumwolltextilien zum Herausfinden und Ausschneiden.

Erfahrungsmöglichkeiten:
- Baumwollzweige mit Baumwollkapseln sowie lose Baumwollkapseln betrachten und fühlen,
- Baumwollsamen in den aufgeplatzten Baumwollkapseln erfühlen,
- Baumwollsamen einsäen und kleine Pflänzchen ziehen,
- Abbildungen der Baumwollpflanze in verschiedenen Wachstumsstadien sowie über die Ernte und Weiterverarbeitung ansehen,
- Informationsmaterial (z. B. von der Baumwollbörse) ansehen, lesen und auswerten (kleine Schülervorträge, Präsentationen)
- Auf einer Weltkarte Herkunftsländer der Baumwollerzeugung kennzeichnen,
- Textilien aus Baumwolle ausbreiten und befühlen (möglichst viele verschiedene: Frotteehandtuch, Geschirrhandtuch, Tischdecke, Bettwäsche, Jeans, T-Shirt, Unterwäsche, Hemd, Kinderkleid usw.),
- die Textilien mit der Rohbaumwolle vergleichen (ansehen, befühlen).
- Der Stoff für ein T-Shirt ist anders beschaffen als der Stoff für eine Jeans: gewirkte elastische und gewebte Baumwollstoffe unterscheiden (Maschenware und Webware).
- Waschzettel in Kleidungsstücken ansehen und das Baumwoll-Label herausfinden,

Waschzettel

- aus alten Katalogen Abbildungen von Baumwolltextilien herausschneiden,
- Werdegang vom Rohstoff bis zum T-Shirt zusammenstellen und eine Baumwoll-Wand gestalten (Verarbeitung von Baumwolle: Ernte der Fasern, Spinnen des Garns, Wirken (= Stricken) des Stoffes, Nähen der Textilie, z. B. des T-Shirts), dazu das Arbeitsblatt: **Wie entsteht ein T-Shirt?** ausfüllen,

Wandzeitung über Baumwolle

- weiße, ungefärbte T-Shirts von den Schülerinnen und Schülern einkaufen und Preise und Herkunft vergleichen lassen.

Mögliche Exkurse für höhere Klassenstufen:
- Baumwolle und Pestizide – Alternativen zum konventionellen Pflanzenschutz
- Baumwolle und Politik
- auf der Weltkarte den Weg eines T-Shirts verfolgen: Rohstoff (in Texas angebaut und geerntet) – Garnverarbeitung – Stoff – Herstellung der Kleidung (in Schanghai gesponnen, gewirkt, genäht) – Verkauf (in Washington vermarktet und ca. 15 Monate getragen)

III. ARBEITEN MIT TEXTILIEN: VON DER FASER ZUM GEFÄRBTEN T-SHIRT

Hinweise für die Lehrkraft   10

Zeitungsausschnitte

- Entsorgung (in Tansania als Gebrauchtkleidung gekauft). Nachzulesen bei Rivoli, Pietra: „Reisebericht eines T-Shirts – Ein Alltagsprodukt erklärt die Weltwirtschaft", vorgestellt im Frankfurter Rundschau Magazin vom 01.04.06, S. 6: „Auf weißer Spur".
- Geschichte der Sklaverei auf den Baumwollplantagen der Südstaaten thematisieren. Ein gut lesbares englischsprachiges Bilderbuch dazu ist von Nancy J. Nielsen: Let Freedom Ring – Harriet Tubman, Mankato, Minnesota 2002.

Historisches Foto von Sklaven auf einer Plantage in Louisiana

2. T-Shirt färben mit Bindebatik (Plangi)
(2–3 Doppelstunden)

Baumwollstoffe lassen sich sehr gut **färben**. Die Bindebatik (Plangi) ist eine effektvolle und recht einfache Methode, Baumwolltextilien dekorativ zu mustern.
Durch den Überraschungseffekt nach dem Aufknüpfen der Abbindungen entsteht bei den Schülerinnen und Schülern eine hohe Motivation zum Erproben.

Benötigte Materialien:
- Probestücke (20 x 20 cm) aus alten weißen Bettlaken,
- weißes oder naturfarbenes Baumwollgarn (Häkel- oder Strickgarn) und Schnur zum Abbinden,
- verschiedene Bänder und Garne zum Ausprobieren,
- Wäscheklammern zum Reservieren für das Stoffmuster,
- Stofffarbe in Beuteln (blau hält am besten, 1 Beutel reicht für 150 g Stoff),
- Fixiermittel,
- Salz,
- weiße, ungefärbte T-Shirts.

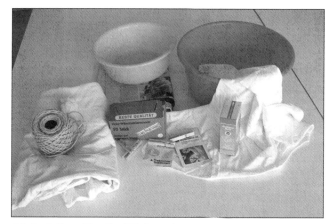

Materialien für die Färberei

Benötigte Werkzeuge und Hilfsmittel:
- Plastikschüsseln: große für das Farbbad, kleinere für das Färbegut,
- Zeitungspapier zum Schutz der Arbeitsfläche,
- Gummihandschuhe,
- Kittel zum Schutz der Kleidung,
- Scheren,
- Wasserkocher,
- Rundstab (pro Farbe 1) zum Umrühren der Textilien im Färbebad,

III. ARBEITEN MIT TEXTILIEN: VON DER FASER ZUM GEFÄRBTEN T-SHIRT

Hinweise für die Lehrkraft

- Wäscheständer,
- Kurzzeitwecker oder Uhr mit Sekundenzeiger,
- Bügeleisen,
- Bügelbrett,
- Ausguss mit genügend Platz zum Ausspülen der gefärbten Stoffe.

Zubehör zum Färben

Vorbereitung im Raum:
- Anordnung der Arbeitsplätze besprechen und festlegen,
- Aufgaben besprechen und festlegen (Partner- oder Gruppenarbeit),
- Arbeitstisch mit Zeitungen auslegen,
- Wasser kochen,
- Material und Hilfsmittel bereitlegen,
- Hände und Kleidung schützen (am besten Kittel anziehen).

Der Arbeitsplatz

Schlussarbeiten:
Nach dem Färben müssen die Stoffe und T-Shirts fixiert werden. Man richtet sich nach der Anleitung auf der Packung des benutzten Fixiermittels.

III. ARBEITEN MIT TEXTILIEN: VON DER FASER ZUM GEFÄRBTEN T-SHIRT

Wie entsteht ein T-Shirt? 1

1. Bringe den Weg der Baumwolle bis zu deinem T-Shirt in die richtige Reihenfolge.
2. Schneide Bilder und Texte aus. Klebe sie auf ein Extra-Din-A4-Blatt.

a) Die Rohbaumwolle wird entkernt.

b) Wenn die Baumwolle reif ist, springen die Fruchtkapseln auf und die Fasern quellen heraus.

c) Aus den Stoffen werden T-Shirts genäht.

d) Ballen werden gepresst.

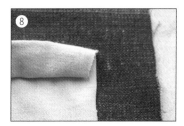

e) Der Baumwollsamen wird gesät. Die Baumwollpflanze wächst zu einem blühenden Strauch heran.

f) Die Rohbaumwolle wird zur Verarbeitung exportiert.

g) Die Faserbüschel werden per Hand oder mit Maschinen geerntet.

h) Die Baumwolle wird gefärbt.

i) Ich kaufe ein T-Shirt.

j) Aus dem Garn wird elastischer Stoff gestrickt (gewirkt).

k) Aus den Fasern werden Fäden gesponnen.

l) Diese Textilien tragen das Baumwollzeichen.

III. ARBEITEN MIT TEXTILIEN: VON DER FASER ZUM GEFÄRBTEN T-SHIRT

Plangi/Bindebatik – das Abbinden

2

Durch **Abbinden mit Schnüren und Garnen** kannst du bestimmte Stellen des Stoffes „reservieren", das heißt, du bestimmst, an welche Stellen Farbe gelangen soll und an welche nicht. Dadurch entstehen nach dem Farbbad sehr schöne unterschiedliche Muster.

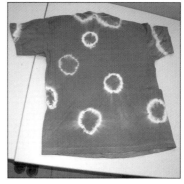

Es gibt viele Möglichkeiten zum Ausprobieren.

So kannst du den Stoff abbinden:

1. Greife die Mitte der Stoffprobe und nehme sie hoch, sodass eine Art „Tüte" entsteht. Umwickle sie fest mit einem Faden, bis es so aussieht wie auf dem Foto und sichere den Faden am Schluss mit einem Knoten.

2. Lege den Stoff wie eine Ziehharmonika lose übereinander und umwickle ihn fest. Zwischen den einzelnen Wicklungen soll ein Abstand bleiben.

3. Falte aus der Stoffprobe ein Dreieck und stecke an den Seitenrändern Wäscheklammern auf.

4. Du kannst den Stoff auch diagonal falten und dann Wäscheklammern aufstecken oder ihn mit Garn umwickeln.

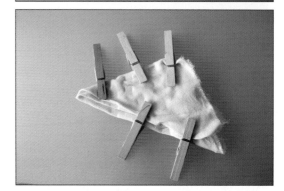

5. Wenn du zum Abbinden verschiedene Garne und Bänder benutzt, erzielst du damit verschiedene Wirkungen.

6. Es lassen sich auch verschiedene Gegenstände, z. B. Muscheln, Schneckenhäuser oder Streichhölzer mit einbinden.

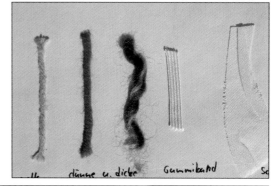

Hanna Fischer: Textilwerkstatt – Von der Faser zum Färben und Nähen
© Persen Verlag – AAP Lehrerfachverlage GmbH, Buxtehude

III. ARBEITEN MIT TEXTILIEN: VON DER FASER ZUM GEFÄRBTEN T-SHIRT

Plangi/Bindebatik – das Färben 3

Jetzt hast du mindestens drei verschieden Stoffproben reserviert. Nach dem Abbinden wird der so vorbereitete Stoff **in klarem Wasser angefeuchtet** und ausgewrungen, damit die Farbe nur an die Stellen gelangt, die nicht durch Klammern oder Fäden reserviert sind. Die abgebundenen Stellen sollen hell bleiben.

Die Farbflotte (das Farbbad) wird vorbereitet:
1. Eine Schüssel für die Färbung und eine Schüssel für den Transport des gefärbten Stoffes bereitstellen,
2. Kleidung und Hände schützen (Kittel, Handschuhe),
3. Farbe wählen (mit Blau erzielt man die besten Färbeergebnisse) und Anleitung auf dem Farbbeutel lesen.
4. Wasser (evtl. Temperatur messen), Farbe und Salz nach Rezept verrühren. Vorsicht beim Rühren, damit es nicht spritzt!
5. Kurzzeitwecker und Stoffe bereithalten.

Die Tauchfärbung – so wird es gemacht:
1. Kurzzeitwecker auf die im Rezept angegebene Zeit einstellen (es reichen aber auch schon 2 Minuten, um ein Ergebnis zu sehen).
2. Stoffe vorsichtig in die Farbflotte legen und darin bewegen.
3. Nach dem Klingeln Stoffe langsam herausnehmen und in die Transportschüssel legen.
4. Den Stoff im Waschbecken ausspülen. Am besten mehrere Spülgänge in der Schüssel machen, um Wasser zu sparen.
5. Stoff gut auswringen, damit er nicht mehr tropft. Merke dir, wie die Abbindung war, bevor du den Faden ablöst.
6. Über alten Zeitungen die umwickelten Fäden anschneiden und vom Stoff abwickeln. Vorsicht, den Stoff dabei unbeschädigt lassen!
7. Vergleicht eure Ergebnisse.
8. Stoff zum Trocknen aufhängen und beschriften.
9. Stoff bügeln: Dazu das Bügeleisen auf „Baumwolle" stellen.

Das T-Shirt färben:
1. Wähle die Musterung aus, die dir am besten gefällt.
2. Binde den Stoff an den Stellen ab, an denen Musterungen sein sollen. Auf dem AB 2 „das Abbinden" kannst du noch einmal nachlesen, wie es funktioniert.
3. Färbe den Stoff, wie es oben beschrieben wurde.

III. ARBEITEN MIT TEXTILIEN: VON DER FASER ZUM GEFÄRBTEN T-SHIRT

Plangi/Bindebatik – das Muster 4

1. **Mit welcher Technik sind diese Muster entstanden? Ordne zu.**

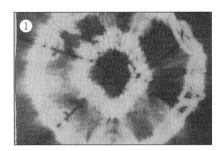
Kreise

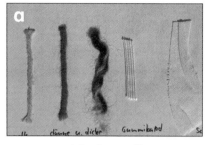
verschiedene Garne

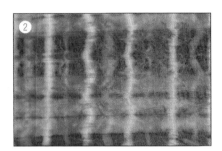
Streifen

Ziehharmonikafaltung

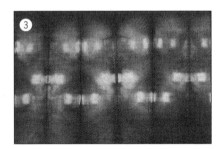
Punkte

In der Mitte umwickelt

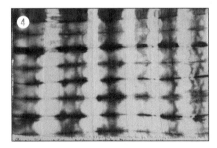
Verschieden breite Streifen

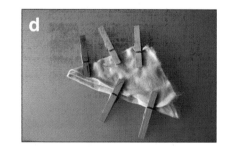
Stoffdreieck mit Wäscheklammern

2. **Stelle folgende Musterungen her:**
   a) Kreis mit mehreren Innenkreisen
   b) mehrere Kreise nebeneinander
   c) Streifen mit gleichem Abstand zueinander
   d) Diagonalstreifen
   e) Streifen unterschiedlichen Aussehens (Breite, Struktur)
   f) Punkte
   g) in diagonalen Linien angeordnete Punkte

IV. ARBEITEN MIT DER NÄHMASCHINE: VON DER GERADEN NAHT ZUM NÄHMASCHINEN-DIPLOM

Hinweise für die Lehrkraft

Dieses Projekt eignet sich zur Einführung in die Arbeit mit den Nähmaschinen.

Jede Nähmaschine sieht etwas anders aus, doch die grundlegenden Funktionen sind die gleichen. Nach diesem Projekt sollten die Schülerinnen und Schüler in der Lage sein, ihre erlangten Grundkenntnisse auch auf andere Nähmaschinentypen zu übertragen und anzuwenden. Sinnvoll ist, die zu den vorhandenen Maschinen gehörenden **Betriebsanleitungen** mit einzubeziehen. Manche Firmen stellen passend zu den Maschinen **Unterrichtsmaterialien** bereit. Über den Nähmaschinenhandel gibt es zum Beispiel von der Firma Pfaff Schulblätter im PDF-Format (auf CD) zum Ausdrucken.

1. Die Nähmaschine kennenlernen – Nähübungen auf Papier

Zu Beginn werden die Arbeitsplätze verteilt und die Maschinen aufgebaut, ohne den Strom einzuschalten. Sind nicht genügend Maschinen vorhanden, arbeiten je zwei Schüler und Schülerinnen zusammen. Die Partner sollten sich gut ergänzen. Rollstuhlfahrer/-innen können den Fußanlasser alternativ mit dem Ellenbogen oder der Hand bedienen.

Erfahrungsmöglichkeiten:
(ca. 2–4 Doppelstunden)
- von Hand genähte und mit der Maschine genähte Nähte vergleichen;
- die Nähmaschine fachgerecht aufbauen und den **Näharbeitsplatz einrichten**;
- Teile der Nähmaschine benennen und das **AB 1, S. 36** besprechen und ausfüllen;
- die **Funktionen der wichtigsten Maschinenteile** wie Fußanlasser, Nähfußheber, Transporteur, Handrad und Nadel erproben; durch Drehen am Handrad und Hoch- und Herunterstellen des Nähfußhebers beobachten, was diese Funktionsteile bewirken; dazu das **AB 2, S. 37** erarbeiten;
- **Sicherheitsvorkehrungen treffen**, **AB 3, S. 26** (Kap. II. 4) lesen und verstehen;
- Strom einschalten, den Nähfuß senken und die **Wirkung des Fußanlassers** durch leichtes, mittleres und starkes Betätigen erproben: üben, langsam, schneller, sehr schnell zu nähen und abrupt zu stoppen (sehr wichtig für die Sicherheit!);
- **Erproben der Stichlängen- und Sticheinstellungen** sowie der Handhaltung bei geraden Linien und Wellenlinien, ohne Faden auf Papier, **AB 3, S. 38**;
- **Nähen von rechten und spitzen Winkeln** (Ecken) durch Einstechen der Nadel, Heben des Nähfußes, drehen des Papiers in die richtige Position und Senken des Nähfußes, **AB 3, S. 38**.

Tipp: Durch das Nähen auf Papier werden die Maschinennadeln stumpf. Tauschen Sie die Nadeln aus, bevor Sie auf Stoff nähen und bewahren Sie sie für die Nähübungen gesondert auf.

2. Nähen auf Stoff
(ca. 4 Doppelstunden)

Zur besseren Sichtbarkeit und Unterscheidung werden farbige Garne (z. B. Oberfaden grün, Unterfaden gelb) benutzt. Sobald das Einfädeln des Oberfadens selbstständig beherrscht wird, erproben die Schülerinnen und Schüler zunächst das Nähen mit Ober und Unterfaden auf Stoff.

Benötigte Werkzeuge und Materialien sind:
- Nähmaschinen mit bereits eingelegtem Unterfaden,
- farbiges Obergarn,
- Scheren,
- ggf. Nadeleinfädler,
- gestreifte und karierte Stoffproben (ca. 10 x 10 cm zugeschnitten).

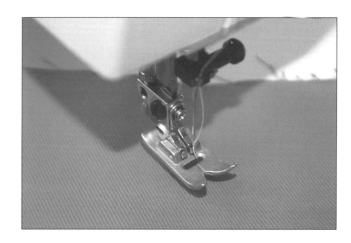

IV. ARBEITEN MIT DER NÄHMASCHINE: VON DER GERADEN NAHT ZUM NÄHMASCHINEN-DIPLOM

Hinweise für die Lehrkraft

Vorschlag zum Ablauf

a) Der Oberfaden
(1) Aufbau der Nähmaschinen und Einrichtung der Arbeitsplätze,
(2) Wiederholung der Fachbegriffe und Funktionen der Maschine,
(3) Einfädeln des Oberfadens demonstrieren,
(4) Fadenführung auf dem **AB 4: Einfädeln des Oberfadens** einzeichnen lassen,
(5) In Partnerarbeit das Einfädeln üben, bis es selbständig beherrscht wird.
(6) Aufgabe 1: Nähe gerade Linien mit Stichlänge 2 auf gestreiftem Stoff, befestige den Anfang und das Ende der Naht, indem du beim Weiternähen die Rückwärtstaste gedrückt hältst.
Aufgabe 2: Nähe ein Labyrinth auf kariertem Stoff.
Aufgabe 3: Versäubere deine Stoffproben mit dem Zick-Zack-Stich. Drehe am Handrad, bis die Nadel oben ist, bevor du den Stich einstellst. Die Nadel könnte sonst verbiegen oder brechen.

b) Der Unterfaden
(1) Zweifadensystem – Verschlingung von Ober- und Unterfaden – erkennen
AB 5: So wird ein Stich gebildet
(2) Durch Hochholen des Unterfadens im Zeitlupentempo die Verschlingung beobachten
(3) Sachgerechtes Herausnehmen der Spulenkapsel, das Spulen, Einlegen der Spule in die Spulenkapsel, Einsetzen der Spulenkapsel und Heraufholen des Unterfadens kennenlernen
AB 6: Aufspulen des Unterfadens
Fachbegriffe: Spule, Spulenkapsel, Greifer
(4) In Partnerarbeit Einlegen des Unterfadens üben
AB 7: Einlegen des Unterfadens
(5) Weiterarbeit an den Nähproben

3. Das Nähmaschinen-Diplom
(ca. 1–2 Doppelstunden)

Die Stoffproben aus dem Färbeprojekt können für die Prüfungsaufgaben verwendet werden. Die Schülerinnen und Schüler arbeiten möglichst selbstständig nach dem **AB 8: Aufgaben zum Nähmaschinen-Diplom**. Sie erhalten für ihre erste eigenständige Leistung ein Zertifikat (Diplom) mit Schulstempel und Unterschrift.

IV. ARBEITEN MIT DER NÄHMASCHINE: VON DER GERADEN NAHT ZUM NÄHMASCHINEN-DIPLOM

Die Nähmaschine kennenlernen

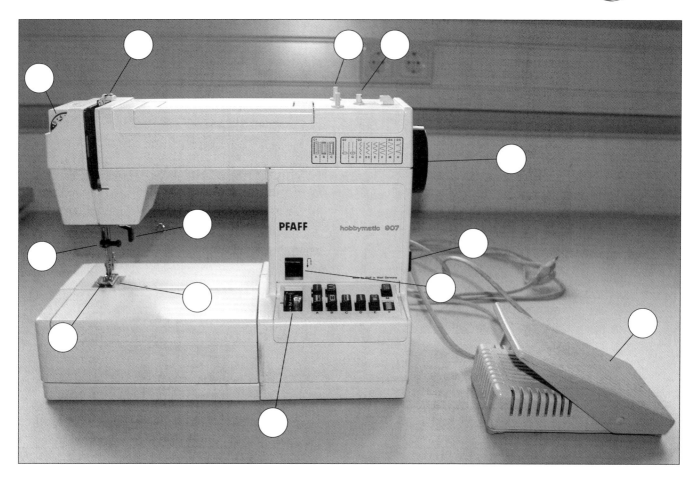

1. **Ordne die Teile richtig zu und trage die passende Nummer ein.**

❶ Hauptschalter
❷ Handrad
❸ Nähfuß
❹ Nähfußheber
❺ Nadelhalter
❻ Transporteur
❼ Regler für die Oberfadenspannung
❽ Regler für die Stichlänge
❾ Garnrollenhalter
❿ Rückwärtstaste
⓫ Spuler
⓬ Fadenhebel
⓭ Fußanlasser

2. **Sieh dir ein zweites Nähmaschinenmodell an und finde alle Bedienungsteile.**

IV. ARBEITEN MIT DER NÄHMASCHINE: VON DER GERADEN NAHT ZUM NÄHMASCHINEN-DIPLOM

Fachbegriffe und Funktionen kennenlernen 2

1. Verbinde den Fachbegriff mit der passenden Funktion.

Fachbegriff   Funktion

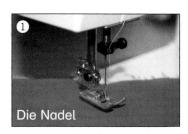
Die Nadel

a) hebt und senkt den Nähfuß.

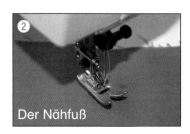
Der Nähfuß

b) schiebt den Stoff weiter.

Der Nähfußheber

c) hebt und senkt die Nadel.

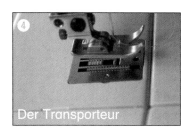
Der Transporteur

d) hält den Stoff.

Das Handrad

e) sticht den Faden durch den Stoff.

2. Erprobe die Funktionen.

IV. ARBEITEN MIT DER NÄHMASCHINE: VON DER GERADEN NAHT ZUM NÄHMASCHINEN-DIPLOM

Nähübungen auf Papier 3

1. Nähte auf Papier

❶ Zeichne auf je ein Din-A4-Blatt: gerade Linien (mit dem Lineal) und Wellenlinien.

❷ Hebe den Nähfuß.

❸ Lege das Papier mit der Linie direkt unter die Nadel.

❹ Senke den Nähfuß auf das Papier.

❺ Stelle die Stichlänge ein. Probiere zuerst 1–2 aus, dann mehr.

❻ Nähe so, dass die Nadel genau auf der Linie einsticht und halte beim Führen des Papiers mit den Fingern Sicherheitsabstand zur Nadel.

❼ Stoppe rechtzeitig zum Ende der Linie und bewege die Nadel zum Schluss mit dem Handrad, indem du es auf dich zu drehst.

❽ Drehe das Handrad zu dir, bis die Nadel und der Fadenhebel oben stehen. Hebe den Nähfuß und ziehe das Papier unter dem Nähfuß nach hinten von dir weg.

2. Um die Ecke nähen.

❶ Zeichne mithilfe eines Lineals auf ein Din-A4-Blatt Linien mit Spitzen und Winkeln.

❷ Nähe wie gewohnt, bis du bei der ersten Spitze angekommen bist.

❸ Steche die Nadel genau in die Spitze, indem du das Handrad auf dich zu drehst.

❹ Hebe den Nähfuß an. Die Nadel hält nun das Papier fest.

❺ Drehe das Papierblatt in die richtige Richtung zum Weiternähen.

❻ Senke den Nähfuß und nähe bis zur nächsten Spitze.

❼ Wiederhole wie ab 3. beschrieben.

IV. ARBEITEN MIT DER NÄHMASCHINE: VON DER GERADEN NAHT ZUM NÄHMASCHINEN-DIPLOM

Einfädeln des Oberfadens — 4

1. Zeichne den Verlauf des Fadens mit einem grünen Stift nach.

2. Beschreibe die einzelnen Schritte. Benutze dabei die Fachausdrücke.

So fädelst du den Faden ein:

❶ Hauptschalter ausschalten

❷ Nadel und Fadenhebel stehen oben

❸ Nähfuß anheben

❹ Die Garnrolle auf den Garnrollenhalter stecken.

❺ Den Faden von der Garnrolle
   - in die **Spulervorspannung**
   - durch den linken Schlitz nach unten
   - durch den rechten Schlitz nach oben
   - von links nach rechts durch den **Fadenhebel**
   - hinunter durch den Schlitz zur **Führungsöse** zurück
   - hinter die Führungsöse
   - in die **Fadenführung am Nadelhalter** ziehen

❻ Nähfuß senken

❼ Den Oberfaden von vorn nach hinten durch das **Nadelöhr** fädeln und ca. 5 cm nach hinten ziehen.

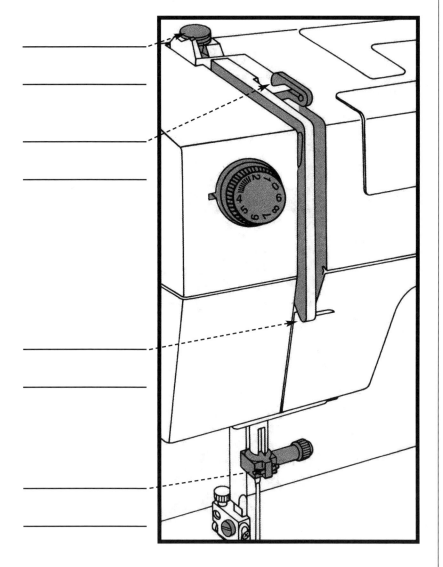

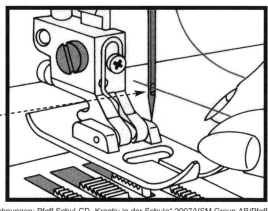

Zeichnungen: Pfaff Schul-CD „Kreativ in der Schule" 2007/VSM Group AB/Pfaff

IV. ARBEITEN MIT DER NÄHMASCHINE: VON DER GERADEN NAHT ZUM NÄHMASCHINEN-DIPLOM

So wird ein Stich gebildet

Zeichne den Oberfaden grün nach und den Unterfaden gelb.

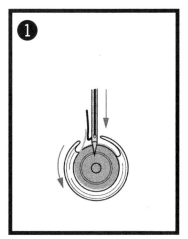

Erfassen der Oberfaden-Schlinge

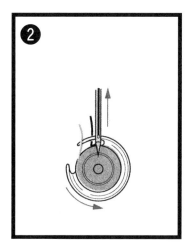

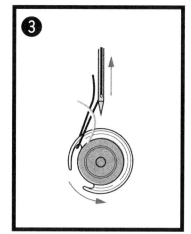

Erweitern und Herumführen der Schlinge um das Spulenbehältnis

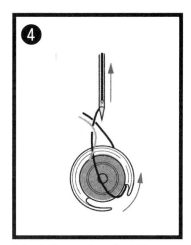

Abgleiten der Schlinge

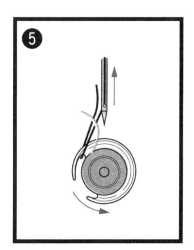

Fertige Verschlingung

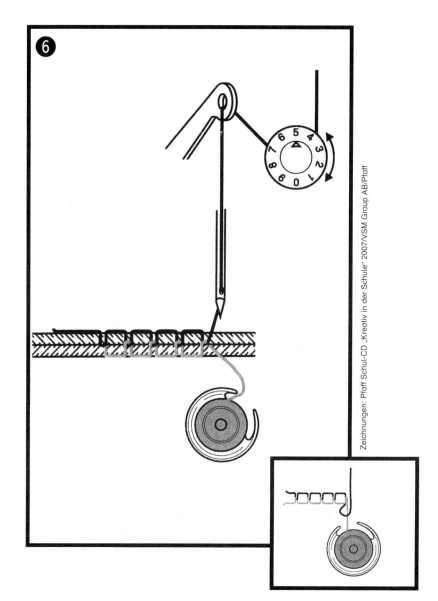

IV. ARBEITEN MIT DER NÄHMASCHINE: VON DER GERADEN NAHT ZUM NÄHMASCHINEN-DIPLOM

Aufspulen des Unterfadens

6

1. So wird ein Faden aufgespult:

❶ Garnrolle auf den Garnrollenhalter aufsetzen.

❷ Faden unter die Spulervorspannung legen.

❸ Fadenanfang um die Spule wickeln.

❹ Spule in Drehrichtung rechts auf den Spuler aufsetzen.

❺ Spule vorsichtig und langsam drehen, bis sie einrastet.

❻ Spule und Spuler zusammendrücken.

❼ Auslösescheibe im Handrad zu dir drehen und lösen, indem das Handrad festgehalten wird.

❽ Wenn die Spule mit dem Faden fest aufsitzt, Fußanlasser treten („Gas geben"), bis die Spule voll ist und automatisch stoppt.

❾ Spule nach links vom Spuler wegdrücken und abnehmen.

❿ Faden durchschneiden.

⓫ Fertige Spule in die Spulenkapsel einsetzen.

⓬ Auslösescheibe im Handrad wieder zurückdrehen.

⓭ Weiter geht es mit dem Arbeitsblatt 7, Einlegen des Unterfadens.

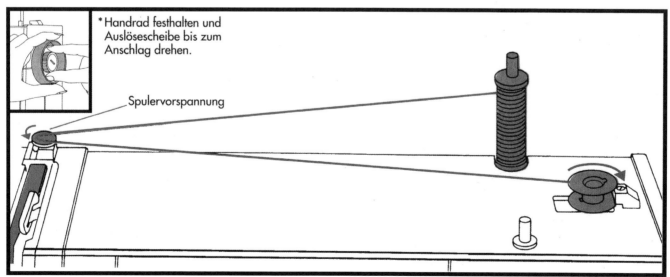

Zeichnung: Pfaff Schul-CD „Kreativ in der Schule" 2007/VSM Group AB/Pfaff

2. Was passiert, wenn man vergisst, Punkt 12 auszuführen?

IV. ARBEITEN MIT DER NÄHMASCHINE: VON DER GERADEN NAHT ZUM NÄHMASCHINEN-DIPLOM

Einlegen des Unterfadens 7

1. Ordne Bild und Text in der richtigen Reihenfolge.

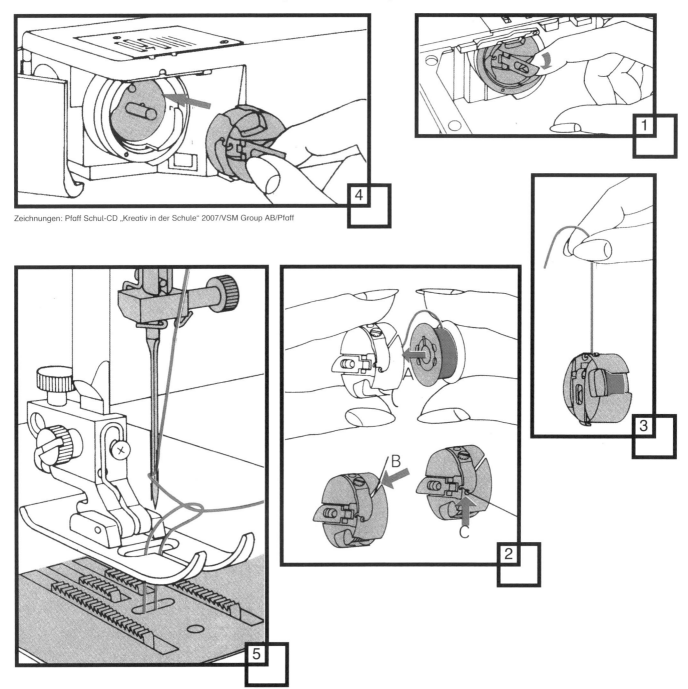

Zeichnungen: Pfaff Schul-CD „Kreativ in der Schule" 2007/VSM Group AB/Pfaff

a) Klappe wieder anheben, Spulenkapsel einsetzen
b) Spule einlegen
c) Spulenkapsel herausnehmen
d) Unterfaden hervorholen: Den Nähfuß anheben und den Oberfaden locker festhalten. Das Handrad nach vorn drehen, bis der Nadelfaden und der Unterfaden eine Schlinge gebildet haben. Mit dem Oberfaden den Unterfaden nach oben ziehen.
e) Unterfaden prüfen: Die Spulenkapsel darf nicht durch das Eigengewicht herabgleiten. Sie muss aber bei leichten Aufwärtsbewegungen der Hand stufenweise niedersinken.

2. Worauf musst du besonders achten, damit das Einsetzen gelingt?

IV. ARBEITEN MIT DER NÄHMASCHINE: VON DER GERADEN NAHT ZUM NÄHMASCHINEN-DIPLOM

Aufgaben zum Nähmaschinen-Diplom

8

Für das Nähmaschinen-Diplom sollst du einen Beutel nähen und dabei zeigen, was du gelernt hast.

1. Richte Deinen Näharbeitsplatz ein.
2. Schneide zwei Stoffstücke in der Größe 20 x 20 cm zu.

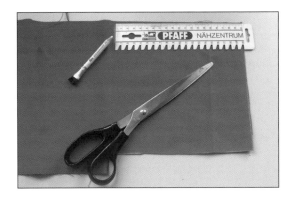

3. Spule einen Faden auf.
4. Fädele den Oberfaden richtig ein.
5. Lege den Unterfaden ein und hole ihn hoch.
6. Versäubere die Schnittkanten der Stoffquadrate mit dem Zickzackstich, Stichlänge 2.

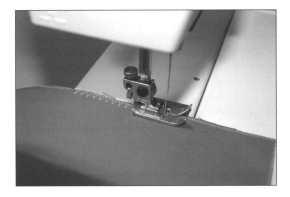

7. Falte bei jedem Stoffstück eine Schnittkante 2 cm nach innen und stecke sie fest.

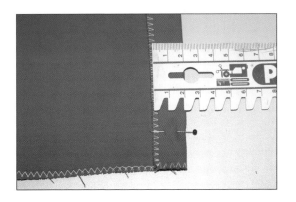

8. Säume die Stoffstücke an dieser Seite steppfußbreit mit geradem Stich, Stichlänge 2.

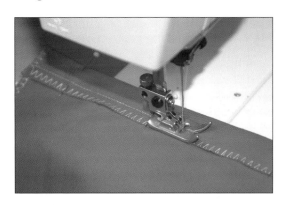

9. Lege die beiden Stoffstücke mit den Säumen nach außen aufeinander.
10. Stecke die offenen ungesäumten Seiten mit Stecknadeln fest aufeinander.
11. Nähe die drei Seiten steppfußbreit vom Rand entfernt zusammen.

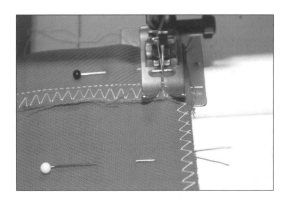

12. Drehe die Innenseite nach außen.

13. Stelle das Bügeleisen auf „Baumwolle".
14. Bügele deinen fertigen Beutel.
15. Räume deinen Arbeitsplatz auf.

Hanna Fischer: Textilwerkstatt – Von der Faser zum Färben und Nähen
© Persen Verlag – AAP Lehrerfachverlage GmbH, Buxtehude

Lösungen

AB 1: Mein Arbeitsplatz   S. 14

1. ① Nähmaschine
   ② Nähwerkzeuge
   ③ Materialkasten
   ④ Kittel
   ⑤ Stromanschluss

2. Nähmaschine: zum sauberen Zusammennähen, säumen, versäubern von Textilien
   Nähwerkzeuge: zum Messen, Schneiden, Trennen, Nähen, Anzeichnen, Stecken
   Materialkasten: zum Aufbewahren von Garn und anderem Verbrauchsmaterial
   Kittel: zum Schutz vor Farbe
   Stromanschluss: zum Betreiben/Anschließen der Nähmaschine

AB 2: Regeln und Vereinbarungen/Aufgaben   S. 16

2. a) 6, 8, 9, 10, 19, 20
   b) 1, 4, 9, 10, 15, 18, 21
   c) 1–5, 7, 10, 11, 14, 15, 21
   d) 11–13, 15–17
   e) 1, 4, 9, 10, 11, 15, 21

AB 2: Das Werkzeug/Nähwerkzeuge für meinen Arbeitsplatz   S. 19

AB 4: Das Werkzeug/Werkzeuge für Lederarbeiten   S. 21

2. ① Lochzangen
   ② Locheisen (gibt es in verschiedenen Größen)
   ③ Mehrzweckschere
      (besser zu handhaben als Lederschere)
   ④ Lederschere
   ⑤ Ledernadeln, auch für die Nähmaschine
   ⑥ Pfriem (zum Stechen von Löchern)

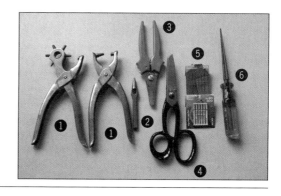

Lösungen

AB 2: Unfallverhütung/Aufgaben zum Text S. 25

a) 2, 3   b) 2, 3, 4   c) 4, 5, 6   d) 7   e) 8   f) 9   g) 10
h) 1, 3, 6   i) 11   j) 12, 14, 16, 17   k) 13   l) 14, 15

AB 3: Zum sicheren Umgang mit der Nähmaschine S. 26

2. Beispiele:
zu 1/2: Das angeschlossene Kabel steht unter Strom.
zu 3: Gefahr des Herunterreißens der Maschine vom Tisch, von Stürzen und der Beschädigung des Kabels
zu 4/5: Verletzungsgefahr für Kopf und Hände
zu 6: Stromschlaggefahr
zu 7: Verhindern von Verletzungen
zu 8: Dinge, die links der Maschine liegen, können versehentlich heruntergestoßen werden.
zu 9: verhindert versehentliches Ingangsetzen der Maschine
zu 10: damit sie sich beim Nähen nicht löst, bricht und die Finger verletzen kann

AB 1: Wie entsteht ein T-Shirt? S. 30

1. 2e
2. 11b
3. 5g
4. 3a
5. 12d
6. 6f
7. 10k
8. 1h
9. 8j
10. 4c
11. 9i
12. 7l

AB 4: Plangi/Bindebatik – das Muster S. 33

1. ❶ c) Kreise entstehen, wenn man den Stoff von der Mitte aus umwickelt.
   ❷ b) Streifen entstehen durch Ziehharmonikafaltung, die umwickelt wird.
   ❸ d) Punkte entstehen durch Wäscheklammern.
   ❹ a) Verschieden breite Streifen entstehen durch Verwendung verschiedener Garn-Materialien.

AB 1: Die Nähmaschine kennenlernen S. 36

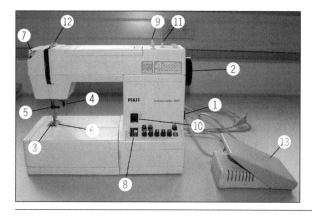

❶ Hauptschalter
❷ Handrad
❸ Nähfuß
❹ Nähfußheber
❺ Nadelhalter
❻ Transporteur
❼ Regler für die Oberfadenspannung
❽ Regler für die Stichlänge
❾ Garnrollenhalter
❿ Rückwärtstaste
⓫ Spuler
⓬ Fadenhebel
⓭ Fußanlasser

Lösungen

AB 2: Fachbegriffe und Funktionen kennenlernen S. 37

1. 1e, 2d, 3a, 4b, 5c

AB 4: Einfädeln des Oberfadens S. 39

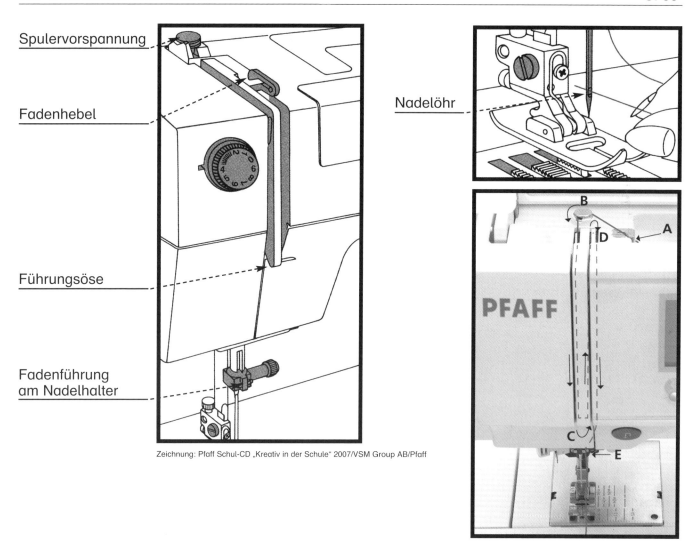

Spulervorspannung
Fadenhebel
Führungsöse
Fadenführung am Nadelhalter
Nadelöhr

Zeichnung: Pfaff Schul-CD „Kreativ in der Schule" 2007/VSM Group AB/Pfaff

AB 6: Aufspulen des Unterfadens S. 41

2. Die Nadel bewegt sich nicht, da die Nadelstange noch blockiert ist.

AB 7: Einlegen des Unterfadens S. 42

1. 1c, 2b, 3e, 4a, 5d

2. Die Spulenkapsel muss mit der Öffnung nach oben eingesetzt werden und fest sitzen.
   Die Fadenführung in der Kapsel muss stimmen sowie die Unterfadenspannung.
   Das Fadenende sollte ca. 10 cm herauskommen.

Anhang

Bezugsadressen

Möbel: www.technik-lpe.de, www.weba-tuwas.de, www.paulgmbh.de

Werkzeugblöcke: www.doit-versand.de, www.technik-lpe.de, www.weba-tuwas.de

Maschinen und Werkzeuge: www.doit-versand.de, www.technik-lpe.de, www.als-verlag.de
www.weba-tuwas.de, www.optitec.de, www.hobbyfix.de, www.winklerschulbedarf.com,

Spezielle Hilfsmittel, Werkzeuge und Möbel: www.thomashilfen.de, www.lafueliki.de

Anschauungs- und Infomaterial:
www.baumwollboerse.de
www.aswnet.de: „Pokern ums weiße Gold", „Biologische Schädlingsbekämpfung in Indien"
sowie Hefte Nr. 166 u. Nr. 181 vom Juni 1999 u. März 2003
von der Aktionsgemeinschaft Solidarische Welt e.V.,
www.organiccottoneurope.net: „Cotton Connection – Eine Kampagne zur Reduzierung
des Pestizideinsatzes in der Bauwollproduktion und -verarbeitung"
„Textilien aus Bio-Baumwolle – Einkaufswegweiser" vom PAN Pestizid Aktions-Netzwerk e.V.
www.pfaff.de: Näh-Arbeitsblätter

Stoff-Farbe: www.labbe.de, www.pflanzenfaerberei-kroll.de
Stoffproben und Stoffe: www.als-verlag.de, www.pavani.de
T-Shirts zum Färben: www.vbs-versand.de
Textilkataloge mit überwiegend Baumwolltextilien: www.assmus-natur.de, www.dw-shop.de,
www.eddiebauer.de, www.hess-natur.de, www.panda.de, www.waschbaer.de

Verwendete Literatur

Aschke, Katja (Hrsg.): Kleider machen viele Leute, Reinbek 1990
Bar, Amos und Glutman, Shuka: Schau mal, Baumwolle, Luzern 1987
Becktepe, Christa und Strütt-Bringmann, Traude (Hrsg.): Der Stoff aus dem die Kleider sind, Meckenheim 1. Aufl. 1990 (Die Verbraucherinitiative)
Bundesverband der Unfallkassen (Hrsg.): Lebensmittel- und Textilverarbeitung, München 1997
Benatzky, Maria und Küfer, Gretel: Faden, Stoff, Gewebe, Textilgestaltung Sekundarstufe, Bochum ...
Cohrs, Sabine u. a.: Nähen was Spaß macht, Schriftenreihe Institut für Lehrerfortbildung Hamburg, Beratungsstelle Arbeitslehre/Textiltechnik, Hamburg 1994
Bollenhagen, Britta: Prünkrom – ein Hamburger Nähmaschinenlehrgang, Schriftenreihe Institut für Lehrerfortbildung Hamburg, Beratungsstelle Arbeitslehre/Textiltechnik, Hamburg 2002
Jentschura, Eva: Pflanzenfärben ohne Gift, Stuttgart 1990 (vergriffen)
Kersting, Ursula/Riepe, Regina/Vest, Brigitte: Sie halten die Fäden in der Hand – Miserior, Materialien für die Schule 15, Aachen 1991; daraus: M 35 „Färben und Abbinden wie die Frauen in Abomey: Praktische Hinweise"
Rivoli, Pietra: Reisebericht eines T-Shirts – Ein Alltagsprodukt erklärt die Weltwirtschaft, Berlin 2006
Weber, Carina und Parusel, Dagmar: Zum Beispiel Baumwolle, Göttingen 1998

Bildnachweis

Foto und Zeichnungen von Pfaff (S. 39, 40, 41, 42, 46): Pfaff über VSM Deutschland GmbH, Amalienbadstraße 36, 76227 Karlsruhe, www.pfaff.com

Anhang

Benutzungsordnung für die Textilwerkstatt (ein Beispiel)

1. Die nummerierten **Arbeitsplätze**, Werkzeugkästen und Nähmaschinen werden den Schülerinnen und Schülern zugeteilt und das Schuljahr über beibehalten.

2. Die Namen der Schüler/-innen werden in den Plan eingetragen.

3. Die **Werkzeuge** werden nur im betreffenden Raum benutzt, fachgerecht gereinigt und nach Benutzung in die Schränke zurückgestellt. Hierbei wird kontrolliert, ob die Werkzeugkästen vollständig sind, ebenso die Werkzeugblöcke.

4. **Materialien von Klassen und Mitarbeitern** werden mit Namen gekennzeichnet und in den Kästen nach Klassen geordnet aufbewahrt. Bei größeren Werkstücken wird der Aufbewahrungsort mit den Fachraumbetreuern abgesprochen.

5. Die **Benutzung der Nähmaschinen** sowie **der Overlock-Maschinen** ist ausschließlich nach vorheriger Einweisung möglich. Die Benutzer tragen sich in das ausliegende Heft ein. Störungen werden den Fachraumbetreuern gemeldet.

6. Materialien werden, nach Sorten geordnet, wieder eingeräumt, Reste entsorgt.

7. Die **Benutzung der Materialien** in den Werkstätten ist nur möglich, wenn von den Klassen ein Materialkostenbeitrag in Höhe von halbjährlich € _____ ,- pro Schüler/-in eingesammelt wird. Er deckt auch die Kosten für Garne, Stoffe, Farben, Pinsel und ähnliches Verbrauchsmaterial.

_____   _____
gez. die Fachraumbetreuer   Ort, Datum

Nähmaschinendiplom

für

_____   _____
Vor- und Nachname   Klasse

hat die Prüfung an der Nähmaschine bestanden.

Sie/er ist in der Lage, fachgerecht und selbstständig/ mit Unterstützung ...

 und unter Berücksichtigung der Arbeitssicherheit eine Nähmaschine auf- und abzubauen.

 einen Faden aufzuspulen.

 Ober- und Unterfaden einzulegen und einzufädeln.

 Schnittkanten mit Zick-Zack-Stich zu versäubern.

 Nähte steppfußbreit von der Stoffkante oder nebeneinander zu nähen.

 einen Stoff zu stecken und zu säumen.

Ort, Datum: _____

Unterschrift der Prüfungskommission: _____

Schulstempel

Kreativität im Kunstunterricht

Gerlinde Blahak
Kreative Kurzprojekte für den Kunstunterricht
Schritt für Schritt zum künstlerischen Gestalten

Sie möchten Ihren Schülerinnen und Schülern die Freude am Gestalten vermitteln und sie gleichzeitig mit den grundlegenden Gestaltungstechniken vertraut machen? Diese 20 Kurzprojekte bieten Ihnen jede Menge Material für einen kreativen und fundierten Kunstunterricht – auch für fachfremd Unterrichtende. In ein bis vier Stunden lassen Sie Ihre Schüler mit geringem Aufwand – aber großer Wirkung – Bilder und Objekte anfertigen. Eine Schritt-für-Schritt-Anleitung mit farbigen Bildbeispielen und Skizzen ermöglicht selbstständiges Arbeiten.

Aus dem Inhalt:
▷ Super-Vogel/Collage
▷ Stromnetz/grafisches Zeichen
▷ Schriftzeich(n)en
▷ Klecks in the City/Zufallsverfahren
▷ Kachina-Puppen/3-D-Papierarbeit

So vermitteln Sie grundlegende Gestaltungstechniken in ein bis vier Unterrichtsstunden!

Buch, 72 Seiten, DIN A4
5. bis 10. Klasse
Best.-Nr. 3398

Barbara Jaglarz, Georg Bemmerlein
Kreative Zwischenaufgaben für den Kunstunterricht
60 Kopiervorlagen für schnelle Schüler

Ihr Problem: Einige Schülerinnen und Schüler sind früher fertig als der Rest der Klasse. Jetzt muss schnell ein attraktives Aufgabenangebot her! Alles, was Sie dafür brauchen, finden Sie in dieser Sammlung: tolle Kopiervorlagen mit kreativen Zwischenaufgaben, abwechslungsreiche Arbeitsblätter rund um Design, Farbe und Perspektive. Ihre Schüler können frei wählen, ob sie malen, zeichnen oder collagieren. So entstehen Briefmarken und Traumhäuser, Figuren und Fantasiewesen, Tiere, verfremdete Gesichter u.v.m.

Aus dem Inhalt:
▷ Mnemotechnisches Verfahren, um sich Umrisse zu merken
▷ Kreative Farb- und Formgestaltung
▷ Kreative Muster
▷ Fantasievolle Bildgestaltung
▷ Dekoratives Gestalten großer Farbflächen

So beschäftigen Sie Jugendliche auch in weniger als einer Stunde sinnvoll!

Buch, 84 Seiten, DIN A4
5. bis 10. Klasse
Best.-Nr. 3643

Hans-Peter Kohlhaas, Marion Scholz
Poster – Pop-Art – Graffiti
Moderne Kunst in der Sekundarstufe I

Mit Andy Warhol, Keith Haring, Klaus Staeck Themen wie Werbung, Graffiti oder moderne Kunst entdecken. Dazu liefert der Band Begriffserklärungen, Künstlerbiografien, Praxisbeispiele, konkrete

Buch, 100 Seiten, DIN A4
5. bis 10. Klasse
Best.-Nr. 3508

Hinweise zur Unterrichtsgestaltung und Arbeitsblätter (Kopiervorlagen) mit Aufgaben unterschiedlichen Schwierigkeitsgrades. So gestalten Sie mit einem Minimum an Materialien Ihren Kunstunterricht abwechslungsreich und kreativ.
Hier finden Sie motivierende, praxiserprobte Arbeitsaufträge zu moderner Kunst!

NEU: Foliensatz
18 farbige Folien, DIN A5
Best.-Nr. 3530

Barbara Jaglarz, Georg Bemmerlein
Kreative Aufgaben für den Kunstunterricht
60 Kopiervorlagen für Doppelstunden

Mit einer Vielzahl an außergewöhnlich fantasievollen Aufgaben üben Ihre Schüler/-innen verschiedene Gestaltungstechniken. 60 Aufgaben fordern zu einer ideenreichen Umsetzung auf. Die Arbeitsblätter lassen sich ohne große Vorbereitung im Unterricht einsetzen und beschäftigen die Schüler/-innen für eine Doppelstunde oder mehr. 40 farbige Schülerarbeiten bieten Beispiele zur Gestaltung der einzelnen Aufgaben.

Aus dem Inhalt:
▷ Malen mit zwei Farbtönen im Komplementärkontrast
▷ Erfahrung optischer Täuschung bei geometrischen Mustern und Schwarz/Weiß-Kontrast
▷ Karikaturistische Porträt-Darstellung
▷ Aktuelles, Fantasie anregendes Kreativthema

Schnell einsetzbare Arbeitsblätter für eine Doppelstunde oder mehr!

Buch, 88 Seiten, DIN A4
5. bis 10. Klasse
Best.-Nr. 3747

Unser Bestellservice:

Das komplette Verlagsprogramm finden Sie in unserem Online-Shop unter

www.persen.de

Bei Fragen hilft Ihnen unser Kundenservice gerne weiter.

Deutschland: ☏ 0 41 61/7 49 60-40 · Schweiz: ☏ 052/366 53 54 · Österreich: ☏ 0 72 30/2 00 11

Schöne Werkstücke aus verschiedenen Materialien

Hanna Fischer
Holzwerkstatt – Vom Baum zum Spielzeug
Metallwerkstatt – Metall eine Form geben
Reich bebilderte Kopiervorlagen und Arbeitsblätter zur Werkstatt-, Werkzeug- und Materialkunde

Unterricht in der Schulwerkstatt ist immer auch eine Herausforderung: Welche Werkzeuge und Maschinen benötige ich? Wie vermittle ich den richtigen und zweckmäßigen Umgang mit den Werkzeugen? Was muss man über das Material wissen und wie bearbeite ich es? – Und nicht zuletzt: Wie sorge ich für einen geordneten und sicheren Ablauf im Unterricht mit einem attraktiven Ergebnis am Ende des Projekts? Zwei Hefte, zwei Themenbereiche: Anhand der Kopiervorlagen mit vielen Detailfotos lernen Ihre Schülerinnen und Schüler die Holz- und Metallwerkstatt und die jeweiligen Werkzeuge und Hilfsmittel kennen. Sie erkunden die besonderen Eigenschaften des Materials – bis sie schließlich so weit sind, nach einer reich bebilderten Schritt-für-Schritt-Anweisung ein Werkstück herzustellen.
Von der Werkstatt über Werkstofferkundung bis hin zum attraktiven Produkt!

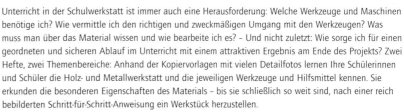

Buch, jeweils ca. 50 Seiten, DIN A4, 5. bis 9. Klasse

Holzwerkstatt Best.-Nr. 3744
Metallwerkstatt Best.-Nr. 3745

U. Fania, H. von der Heyde, U. Imhof, M. Kammeyer, C. Michel, I Scheunemann
Textiles Gestalten
Unterrichtseinheiten mit Kopiervorlagen für die 5. und 6. Klasse

Mit kompletten Unterrichtsvorschlägen inkl. Lehrerkommentar, Schülermaterialien als Kopiervorlagen, Lösungen und Stationenkarten erledigt sich die Vorbereitung für Ihren Textilunterricht im Handumdrehen. Die praxiserprobten Gestaltungsideen mit genauen Anleitungen lassen sich einfach umsetzen. Die Unterrichtseinheiten sind so aufgebaut, dass Sie auch als fachfremd unterrichtende Lehrkraft bestens zurechtkommen.
Die Themenbereiche:
▷ Textiles in seinen Erscheinungsformen
▷ Gestaltung mit textilen Techniken
▷ Textilien in kulturellen Zusammenhängen
Ein praktischer Fundus für Ihren Textilunterricht!

Buch, 184 Seiten, DIN A4
5. und 6. Klasse
Best.-Nr. 3616

Alfred Aigner
Werken mit Holz, Metall, Stoff und Ton

Wenig Aufwand, tolle Ergebnisse!

Topfuntersetzer, Liegestuhl, Mühlespiel – der Band bietet konkrete Anleitungen für die Herstellung von 6 Werkstücken. Detaillierte Arbeitsanweisungen in Wort und Bild für die Schüler/-innen sowie ausführliche Angaben zu Zeitaufwand und Material machen die Herstellung kinderleicht. Übersichtliche Zeichnungen zu den einzelnen Arbeitsschritten helfen, den Herstellungsprozess zu verstehen und nachzuvollziehen.
Gut strukturiertes Material auch für fachfremde Lehrkräfte der Sekundarstufe!

Buch, 85 Seiten, DIN A4, mit farbigen Abbildungen
5. bis 8. Schuljahr
Best.-Nr. 3501

Rosemarie Schmidt
Textiles Gestalten in der Sekundarstufe I

Kopiervorlagen für Fingerpuppen, Stoffbilder & Co.

Witzige Fingerpuppen, bunte Stoffbilder, originelle Adventskalender – mit diesen Arbeitsblättern geht Ihren Schüler/-innen die Arbeit leicht von der Hand! Die tollen Ideen und kreativen Gestaltungstechniken sorgen für Spaß am individuellen Arbeiten. Der Tipp für fachfremd unterrichtende Lehrkräfte!
Vom Fadenlegen bis Patchwork vermitteln Sie alle Techniken perfekt!

Mappe mit Kopiervorlagen, 53 Seiten, DIN A4
5. bis 10. Schuljahr
Best.-Nr. 2084

Unser Bestellservice:

Das komplette Verlagsprogramm finden Sie in unserem Online-Shop unter

www.persen.de

Bei Fragen hilft Ihnen unser Kundenservice gerne weiter.

Deutschland: ✆ 0 41 61/7 49 60-40 · Schweiz: ✆ 052/366 53 54 · Österreich: ✆ 0 72 30/2 00 11